ひろがる「日韓」の
モヤモヤと
わたしたち

加藤圭木［監修］

朝倉希実加・李相眞・
牛木未来・沖田まい・
熊野功英［編］

大月書店

はじめに
....

　この本を手にとってくださり，ありがとうございます。「日韓」のモヤモヤという言葉が気になって，日韓関係について知りたくて，この本を手にとってくださったのかなと想像しています。あるいは，わたしたちの前著，一橋大学社会学部加藤圭木ゼミナール編『「日韓」のモヤモヤと大学生のわたし』（以下，モヤモヤ本Ⅰ）を読んでくださった人もいるでしょう（再会できてうれしいです！）。

　わたしたちは，2021年7月にモヤモヤ本Ⅰを刊行しました。日本ではK-POPや韓国ドラマなどの韓国文化は流行しているけれど，日本と朝鮮の歴史については語られない。日韓交流を通して，日韓の対立は乗り越えられると言うけれど，本当にそうなのか。そんなわたしたちの「日韓」のモヤモヤを多くの人たちと共有したい。そうした思いで，わたしたちはモヤモヤ本Ⅰを制作しました。「戦後最悪の日韓関係」とも言われるなかで，さまざまな「日韓」のモヤモヤを抱えた人たちが多くいたのか，モヤモヤ本Ⅰはわたしたちの予想を超えて多くの人たちに広がりました。

　時が流れるのは早いもので，モヤモヤ本Ⅰが刊行されてから約2年が経ちました。大学生だったわたしたちは大学院生と会社員になりました。そして，この間，日韓それぞれの国のトップが変わったり，旅行などで日韓相互の行き来がしやすくなったり，さまざまな変化がありました。メディアでも日韓の「和解」ムードが報じられています。一方でわたしたちのなかでは，モヤモヤ本Ⅰでは伝えきれなかったことも多く残っていました。また，「日韓」のモヤモヤから発展して，どのように社会を変えるための行動をしていけばいいのか悩んでいるという声も多く聞きました。そこでモヤモヤ本Ⅰをふまえて，「日韓」の

3

新たな状況に対応しつつ，読者の励ましになるような本をつくりたいという思いから，この『ひろがる「日韓」のモヤモヤとわたしたち』を制作することにしました。今回は，モヤモヤ本Ⅰの著者5名が編者となって本書を編んでいます。

　本書ではまず，第1章でこれまでの「日韓」のモヤモヤのひろがりについて振り返ります。第2章では，そもそもなぜ「日韓」のモヤモヤが生まれてしまうのか，この疑問について考えるために，日本社会における歴史否定の動きなどについて見ていきます。第3章では，「日韓」という枠組みではとらえきれない朝鮮人や朝鮮の歴史について，わたしたちが実際に日本や韓国で見聞きし，感じてきたことを交えながら，考えてみたいと思います。第4章では，これまでの内容をふまえて，わたしたち一人ひとりが社会を変えていくためにどのようなことができるのか考えていきます。

　また，各章には，わたしたちがゲストを呼んで開催したイベントの記録や，「日韓」の社会，そしてわたしたちの生き方などについて語り合った座談会を掲載しました。読者のみなさんも座談会に参加しているかのような気分で読んでいただければと思います。

　本書が，「日韓」のモヤモヤを起点に，わたしたちの社会について考え直し，新たな社会のあり方を実現していくための出発点となることを願っています。

2023年6月

編者を代表して　熊野功英

この本の編者たち

· · · · · · · · · · · · · · · · · · · ·

朝倉希実加（あさくら・きみか）　一橋大学大学院社会学研究科修士課程2年。1999年生まれ，主に東京育ち。現在（2023年6月）は韓国留学中。大学院では植民地期の女性運動について研究しています。最近はかわいいカフェや雑貨屋さんに行くことが楽しみです。ほかにも歴史博物館をまわったり集会に参加したりしています。

李相眞（イ・サンジン）　一橋大学大学院社会学研究科博士後期課程1年。1996年生まれ，韓国出身。2023年1月に修士論文を提出して，博士後期課程に進学しました。現在（2023年6月）は1年間休学して韓国に帰っています。コロナ禍のなかで4年ほど韓国に帰れていなかったので，今年は韓国でいろいろ経験しながら楽しむつもりです。

牛木未来（うしき・みく）　一橋大学大学院社会学研究科修士課程3年。1999年生まれ，東京出身。モヤモヤ本I執筆後は韓国留学をしたり，市民運動や修士論文に取り組んだりしています。留学中に食べたごはんが恋しくて，ソウルでお箸・コップ・お皿類をひととおり買い揃えました。研究内容は植民地期平安北道の農業史です。

沖田まい（おきた・まい）　2022年一橋大学社会学部卒業。会社員2年目。1999年生まれ，東京出身。大学時代からアルバイトや学生団体の仕事を掛け持ちしてきましたが，就職後，いっそう仕事人間への道をひた走っています。忙しい日々のなかでも興味を持ってくださったみなさんとこの本を通じてつながれたらうれしいです。

熊野功英（くまの・こうえい）　一橋大学大学院社会学研究科修士課程2年。1999年生まれ，東京出身。大学院では植民地期平壌の性売買について研究しています。最近, K-POP は第4世代を主に聴いていて，特に aespa, LE SSERAFIM, NewJeans が好きです。シンガーソングライターのペク・イェリンもよく聴いています。

似顔絵：羽場育歩（はば・いくほ）　2021年一橋大学社会学部卒業

5

CONTENTS　も　く　じ

8

〔注〕

＊本書では「朝鮮」という用語は民族名・地域名として用いるものとします。大韓民国・朝鮮民主主義人民共和国のいずれか一方の国家を指すものではありません。また、「朝鮮人」という用語は民族の総称として用います。

＊日本の植民地支配の結果として日本に在住することになった朝鮮人ならびにその子孫を、国籍、日本の外国人登録上の国籍表示、所属団体にかかわらず、「在日朝鮮人」と呼ぶことにします（当事者自身が用いる呼称を否定するものではありません）。

＊本書は性暴力に関する内容を扱っています。

＊座談会は当日の録音記録をもとにしていますが、収録にあたり大幅に加筆・修正しました。

＊一橋大学社会学部加藤圭木ゼミナール編『「日韓」のモヤモヤと大学生のわたし』（大月書店、2021年）の略称は「モヤモヤ本」ないし「モヤモヤ本Ⅰ」とします。本書『ひろがる「日韓」のモヤモヤとわたしたち』の略称は「モヤモヤ本Ⅱ」とします。

第1章
ひろがる「日韓」のモヤモヤ

『「日韓」のモヤモヤと大学生のわたし』を刊行して以来，多く
の読者の方々が一緒に「日韓」のモヤモヤについて考えてくだ
さいました。第1章では，まずそうしたひろがりを振り返って
みたいと思います。そのうえで，日本と朝鮮の歴史について学
ぶ過程で新たに出てきたモヤモヤについて考えていきます。

語られはじめた「日韓」のモヤモヤ

熊野功英

『「日韓」のモヤモヤと大学生のわたし』の制作

「日韓」のモヤモヤ。そう聞いてピンときた人は，ニュースで日韓関係についてのニュースを見たり，まわりの人との会話で韓国について話題になったときに，なんだかモヤモヤした気持ちを抱いたことがあるのだろうと思います。また，K-POPや韓国ドラマなどの韓国文化が好きな人であれば，日韓関係や歴史問題にぶつかったことがきっとあるでしょう。

「推し」のアイドルや俳優の歴史問題に関する言動で，SNSが炎上している。「反日」なのかも。でも，歴史の問題はよくわからない。楽しく「推し活」をしたいから，歴史のことはあまり触れないようにしたほうがいいのかも。そんなことを思ったことのある人も少なくないはずです。

一方で，だれかに韓国について否定的なことを言われて傷ついたことのある人もいるかもしれません。

そうした人たちに向けて，わたしたちが制作したのが2021年7月刊行の『「日韓」のモヤモヤと大学生のわたし』（以下，モヤモヤ本I）です。モヤモヤ本I作成の背景には，日本社会で韓国文化が流行する一方，日本の加害の歴史の話がされないという状況や，「韓国文化や日韓交流を通して日韓の対立は乗り越えられる」といった声に対するわたしたちのモヤモヤした思いがありました。なぜなら，こうした状況や声が日本人にとって都合のいい部分だけを楽しんで，日本の加害の

歴史を無視するような「文化の消費」とも言える態度に思えたからです。また，そもそも日本がこれまでに朝鮮侵略・植民地支配の歴史に真摯に向き合ってこなかったことこそが歴史問題の根本的な原因であるのにもかかわらず，日韓の「お互い様」の問題かのように言われる場合も多く，日本の加害の歴史を問わない日韓交流には問題があると考えていました。こうした日本の加害の歴史を軽視する動きは，比較的韓国に好意的だと言われる若い世代にも見られるという意味で，わたしたち自身の問題でもありました。そこで，わたしたちは韓国だけでなく朝鮮民主主義人民共和国や他のアジア諸国も含めた国々に対して行った加害の歴史について，性急な「和解」以前に，日本による真相究明，事実認定，公式謝罪，法的責任の認定，賠償，責任者処罰，再発防止措置，記憶事業などがなされなければならないことを伝えようとしました。そしてその軸は，「日韓」の歴史問題は政治・外交問題以前に人権問題であるということでした。

　しかし，こうしたわたしたちの思いを韓国文化ファンや歴史に関心のない人びとにどうしたら理解してもらえるかが大きな課題でした。そこで，わたしたちは自分自身が抱いてきた「日韓」のモヤモヤや自らが差別的な言動をしてしまった話，そして歴史を学ぶようになった経緯など，「わたし」という個人の話をエッセイや座談会にして伝えることにしたのです。

　それが共感を呼んでか，モヤモヤ本 I は「日韓」のモヤモヤを抱えていた多くの人たちに手に取っていただき，2022年3月には累計1万部を達成しました。K-POPファンなどの規模を考えれば，微々たる数字かもしれませんが，それでも少なくない人たちが「日韓」のモヤモヤから歴史を学び，考えはじめてくれたのです。

「モヤモヤの連鎖」

　『「日韓」のモヤモヤと大学生のわたし』というタイトルの本を刊行することを公表したときから，「日韓」のモヤモヤという言葉に反応し

て，Twitter（現「X」，以下 Twitter）上で「本の内容が気になる」という
声が多くありました。モヤモヤ本Ⅰが刊行されると，その情報が
Twitter をはじめとした SNS 上で急速に拡散されました。

　ここで特徴的だったのは，わたしたちが記した体験談に触発されて
か，自らの「日韓」のモヤモヤやそれにどう向き合っていきたいかを
綴ったブログやツイートが次々に投稿される形でひろがったことで
す。「自分自身が K-POP や韓国ドラマを楽しむなかでモヤモヤを感じ
てしまったり，差別的な言動をしてしまったりした」「自らの無知や，
歴史問題や差別について考えなくても生きてこられたという日本人と
しての特権に気がついた」。そうした正直な告白が記された文章も多
くありました。そして，それを読んだ人たちがまた，「自分も同じよ
うなことでモヤモヤしていた」と気づき，モヤモヤ本Ⅰを知るきっか
けになったり，学びの入り口になったりする。わたしたちの綴ったモ
ヤモヤが読者のモヤモヤの語りに，そしてそれがまた他の人のモヤモ
ヤの気づきにと，まさに「モヤモヤの連鎖」が起きたのです。

　先に日本社会で韓国文化が流行する一方，日本の加害の歴史につい
ては語られないという状況について述べましたが，それはやはり歴史
問題について語ることがどこかタブー視されていたからでしょう。ま
た，「歴史と文化は別だから」というように，過去の歴史のことはいっ
たんおいて，文化だけを楽しもうとする人が多かったのだと思いま
す。たしかに，日本社会全体で考えれば，残念ながらそうした風潮は
依然として続いています。しかし，モヤモヤ本Ⅰをひとつのきっかけ
に少なくとも一部の韓国文化ファンのあいだでは日本の加害の歴史に
ついて語り，向き合おうとする雰囲気が生まれたのです。

　実際に，モヤモヤ本Ⅰの刊行前から発売を楽しみにしてくれていた
という hiko さんは Twitter で「この本の発売があの頃のわたしの頼み
の綱みたいな存在に感じてたな…まだ今みたいにたくさんのことをシ
ェアし合えるアミ〔BTS ファンのこと〕やケーポペン〔K-POP ファン〕
に出会えてなかったから，どこにアクセスしたらいいか分からなかっ

figure 1 『「日韓」のモヤモヤと大学生のわたし』

撮影：熊野功英

たんだよな」（2023年5月26日）と振り返っており，モヤモヤ本Ⅰ刊行以前と以降では「日韓」のモヤモヤの語り合いのひろがりに大きな差があったことがわかります。また，hikoさんは，「原爆Tシャツ」問題（2018年にBTSのメンバーが，原爆が描かれたTシャツを着用したことが取り沙汰された問題。モヤモヤ本Ⅰ「K-POPアーティストが着た『原爆Tシャツ』」参照）に関連して，以下のように話してくれました（2023年6月30日，Twitterのダイレクトメッセージに寄せてくれました）。

非常に個人的な意見ですが，日韓の歴史などについて少しずつ話せるようになっても，怖くて「Tシャツ」については触れられませんでしたし，話してはいけないことになっていたのが，少しずつ話していけるきっかけの一つに「モヤ本」があったと思います。私も「Tシャツ」がヘイトスピーチの材料に使われた時に，「光復節」の説明をしてカウンターできるようになりました。カウンターしながら，知らないアミに向けて知って欲しいという気持ちが強かったです。歴史や「Tシャツ」について言及するようになり，シェアしていったこと，本を読んでいない人にも知識，認識が広がっていったと思っています。

このようにモヤモヤ本Ⅰをひとつのきっかけに，K-POPファンが歴史問題についての正しい知識や認識を身につけ，それをほかのファンにも拡散するようになったことがわかります。K-POPファンが歴

史を学び，語り合うことが多くなかった以前の状況を考えると，モヤモヤ本Ⅰの読者により，それまでのタブーがある種破られたと言えるかもしれません。

「モヤモヤの連鎖」はブログやツイートにとどまりませんでした。一部の読者のあいだで，リアルタイムでの語り合いの場が生まれたのです。その一例としてあげられるのはTwitterのスペース機能（ユーザー同士が音声を通じてコミュニケーションできる機能）を利用したモヤモヤの語り合いです。一部の読者がこのスペース機能を通して，ほかのユーザーとつながりながら，モヤモヤや学んだことを共有し，それを聴いているユーザーがまた感想をつぶやくことで，語り合いの輪がひろがっていきました。また，モヤモヤ本Ⅰを用いた読書会などもオンライン／オフラインでたびたび開催されており，「日韓」のモヤモヤについて，より密な語り合いもおこなわれているようです。

ここでのモヤモヤは歴史的事実に関するモヤモヤというよりも，いまだに民族差別が続いていたり，歴史問題への関心が低かったりする日本社会に対するモヤモヤだったと言えるでしょう。実際に，K-POPアイドルの言動や韓国ドラマをきっかけに，ファンが差別的な言動をして歴史問題が話題になるたびに，それらについてモヤモヤ本Ⅰの読者が学びを共有したり，お勧めの本や映画を紹介したりする活動もされています。これに関連して，hikoさんもモヤモヤ本Ⅰの意義について以下のように語ってくれています（同上）。

何かあると（ファンダムは常に何か起きていますが笑），まずはこの本をと薦める流れというか，私たちにとっての共通認識のようなものにもなったと思います。ファンダムは入れ替わりがあるので，何度でも何度でも話していきたいと思うしその度に「モヤ本」を薦めたいと思っています。思い悩んでいた私にとって発売を知った時から支えのような救いのような存在になって，きっと他にもそういう人はいたと思うしこれからも，複雑な思いを抱えなが

らもこの本に教わり救われる人がいると思います。

　このようにモヤモヤ本Ⅰはファンダムのあいだで歴史問題に関する話題があがるたびに，推薦図書として「おすすめ」される書籍となったのです。

　モヤモヤ本Ⅰを制作したわたしたちのゼミのなかでも，新たなひろがりが生まれました。モヤモヤ本Ⅰを読んだことがきっかけとなり，わたしたちのゼミに後輩が加わったのです。また，その後輩たちがモヤモヤ本Ⅰに関するシンポジウムを自ら開催し，わたしたち著者をゲストとして呼んでくれたりもしました（第2章参照）。さらに，モヤモヤ本Ⅰでわたしたちのゼミを知って，他大学からわたしたちの大学の大学院に進学し，今一緒に学んでいるメンバーもいます（次節参照）。

　わたしたちもゼミで日本と朝鮮の歴史を知り，お互いのモヤモヤを語り合うことを通して学びを深めていきました。「モヤモヤの連鎖」はまさにわたしたちが体験したモヤモヤの語り合いがゼミの場を越えて読者にひろがっていった現象だったのです。

「日韓」をめぐる新たな状況とわたしたち

　このようにモヤモヤ本Ⅰの読者による「モヤモヤの連鎖」は日本社会のごく一部でありながらも，確実に状況を変えてきました。そんななか，日本では2021年10月から岸田文雄政権に，韓国では2022年5月から尹錫悦政権となり，昨今は「日韓関係が良くなった」と言われることが多くなっています。モヤモヤ本Ⅰが刊行された頃と比べて，少し状況が良い方向に変わったと思う人もいるかもしれません。はたしてわたしたちはこうした新しい状況をどのように考えたらいいのでしょうか？　「日韓関係の改善」はなにを意味しているのでしょうか？本書ではモヤモヤ本Ⅰを刊行するなかで見えてきた課題にも触れつつ，こうした疑問について考えていきたいと思います。

『「日韓」のモヤモヤと大学生のわたし』 と出会ったわたし

若林智香

　こんにちは。はじめまして若林智香と申します。わたしは『「日韓」のモヤモヤと大学生のわたし』(モヤモヤ本Ⅰ)を読んだことをきっかけに，他大学から一橋大学大学院に進学し加藤圭木先生の大学院ゼミに所属することになりました。

　わたしは中学生のときに見た韓国ドラマの影響で韓国文化に強い興味を持ちました。しかし韓国文化が好きになればなるほど，家族の会話や日韓関係に関するニュースに，モヤモヤするようになってきたのです。日本人のなかには「韓国は反日国家だ」などと言う人がいます。当時のわたしは「なぜ日本人は韓国に対して『拒否感』を持っているんだろう」とモヤモヤした感情を持ちましたが，そのモヤモヤをまわりの人と共有することはできず，疎外感を感じていました。

　そうしたモヤモヤを抱えながら，少し大人になった高校生のわたしは，日本人が韓国に反発心を持っているのは植民地支配の歴史をよく知らないからだと思いいたりました。そこで，大学に進学し，そうしたことを勉強しようと考えました。もちろん，当時のわたしに深い問題意識があったわけではなく，漠然と大学に行けば手がかりがつかめるかもしれないと思ったのです。

　大学受験の結果，第二志望の学校に行くことになったのですが，驚いたことにそこには朝鮮近現代史や植民地期朝鮮の歴史を専門とする専任の先生がいないばかりか，前近代史も含めて朝鮮史の先生自体がいませんでした。わたしのリサーチ不足とはいえ，そもそも植民地期の朝鮮の歴史を本格的に学べる大学が少なすぎるという問題でもあっ

たと思います。在学していた大学ではほとんど学べないという状況か
ら，自分なりに関連する本を読んでみたりはしましたが，問題のある
説明を疑問を持たずにそのまま受け入れてしまうなど，大きな限界が
ありました。今考えれば，日本社会に歴史否定論（歴史修正主義。第
2章「『なにが本当のことかわからない』のはどうしてなの？」参照）が蔓
延し，そうした主張の書籍があふれているなかで，基礎もない状態で
植民地期の朝鮮の歴史を学ぶのは危険性をはらんでいたと思います。

　八方塞がりのまま大学3年生になったのですが，わたしは大学院に
進学することに決めていました。まだ全然，植民地期朝鮮の歴史を学
べていなかったからです。「どこの大学院にしようか……」と調べる
日々でしたが，ある日たまたま本屋さんでモヤモヤ本Ⅰを見かけて，
購入しました。本当に偶然のことでした。

　帰ってからすぐに読みました。なぜだかわからないけれど，泣きな
がら読みました。ページをめくるたびに，「そうそう，そうなの，そ
ういうモヤモヤをわたしも持ってる……！」とモヤモヤの言語化に感
動しましたし，そこからより発展した議論が展開されていたことに衝
撃を受けました。「わたしが学びたかったことを学べる場が一橋大学
にある！」と思い，すぐに加藤圭木先生に植民地期朝鮮の歴史を本格
的に学びたいと考えていること，その後はできれば大学院進学をした
いという旨のメールを送りました。その結果，加藤先生のゼミが開催
する勉強会や踏査に参加させていただくことになりました。そのなか
で，自分でも信じることができないほどさまざまな面で認識が変化し
ました。

　わたしも高校時代は「日本と韓国は文化交流を通じて友好関係を結
べばいい，そのためにわたしは行動したい」と考えていました。こう
した認識が，表面的で被害者を無視した考えであることに気づかされ
ました。植民地支配の問題が人権問題であるということを十分に理解
できていなかったのです。「日韓」という枠組みでこの問題を考えてい
たことで，無自覚に朝鮮民主主義人民共和国や在日朝鮮人の存在を認

識から排除していたことについても，自覚するにいたりました。

　さらに，植民地支配とその後の朝鮮分断の歴史，そして日本における在日朝鮮人に対する差別が連続したものであること，すなわち，植民地支配がつくりだしたさまざまな矛盾が，今にいたるまで継続していることを知ることができました。現在も加害者側として差別や抑圧に加担している事実に気持ち悪さを覚えました。

　現実の政治や社会のあり方を疑っていくことの大切さを学びました。わたしを含めた日本に生きる日本人はマジョリティ側です。わたしたちマジョリティは現実になんの疑問を持たずに生きていくほうが楽ですし，今の日本はマジョリティがそのような生き方を選ぶことが可能な社会なのだと思います。

　かつて日本が侵略戦争と植民地支配を押し進め，数え切れないほどの人びとを犠牲にしてしまった背景のひとつには，天皇制国家のあり方について疑問を持たず，国家がいかなる暴力を発動しようとも他人ごとにしてしまったり，ときにはそれを支持してしまった多くの人びとの無責任な姿勢があったように思います。そして，そうした構図は今も根本的には変わっていません。とりわけ，マジョリティ側として生きていると，こうした政治や社会のあり方に疑問を持つことさえないのです。

　勉強会に参加したことによる一番大切な変化は，同じ問題意識を持った人とモヤモヤを共有し，一緒に学べる場ができたことです。『「慰安婦」問題を子どもにどう教えるか』（高文研，2017年）の著者で中学校教師の平井美津子さんは，一橋大学のシンポジウム（第2章「加害の歴史を教えること，学ぶこと」参照）にいらしたときに，「どんなことよりも同じ問題意識を共有している人と話し，一緒にいることが一番幸せなことだと思う」と言われました。これはわたしにとって大事な言葉の一つです。自分を受け入れてくれて，一緒に悩んで，一緒に学んで，行動していける人たちと出会ったことで，本当に体中からエネルギーがあふれてくるような感覚があります。

　最後にもうひとつ，この１年間学んで一番大切に思った言葉を紹介させてください。ゼミの沖縄踏査（第３章「沖縄と日本軍『慰安婦』問題」参照）の際に話をうかがった，沖縄で弁護士として活動している在日朝鮮人の白充さんの言葉です。

　「『どのような大人になりたいか』ではなく，『どのような大人になりたくないか』」。

　今後「なりたい大人」や「やりたいこと」は変化していく，でも「なりたくない大人」や「やりたくないこと」は変わらない。だから「なりたくない大人」にならないようにする人生，「やりたくないこと」をしない人生にしよう，という意味です。これは自分の信条に反することをやらないという意味です。

　わたしにとって，「やりたくないこと」は人を蹴落として生きることです。人を蹴落として生きることができる人は，自分が差別や抑圧に加担していることに気づかないまま生きたり，目を背けて生きたりする人です。自分が差別や抑圧に加担していることを認識すると苦しくなると思います。日本の加害の歴史を知ると，なんだか反発したくなって，「そんなこと考えたって意味ないから前だけ見て行こ」，「人を傷つけることなんて生きてたらよくあるじゃん」，などと言って逃げたくなる……そういう人は多いと思います。でもそこで逃げることはなにを意味するのでしょうか。逃げるのは被害者を無視し，傷つけることです。わたしはそうはなりたくありません。

　もちろん，わたしは無垢な人間ではありません。人に深い傷を負わせてしまったことがあるし，その過去を消し去りたいとも思っていました。だからこそ，罪悪感を忘れないで生きるために，日本の植民地支配が生み出した差別と暴力が決して解体されていない現代において，社会からこぼれ落とされた存在のそばで生きたいと思っています。

　みなさんに問いたいです。みなさんは，どう生きたくありませんか？

19

「日韓」の歴史を無視して
K-POPを聴くことはできる?

熊野功英

　「歴史と文化は別だから……」。これは，K-POP アイドルによる「日韓」の歴史にかかわる言動などが話題になるたび，日本の K-POP ファンのあいだでよく聞く言葉です。ぼくもかつては，歴史はおいておいて（そもそも歴史を意識もできていませんでした），音楽をはじめとする K-POP のコンテンツだけを楽しんでいる人でした。ここではあらためて，この「歴史と文化は別だから」という日本人の K-POP の聴き方について考えてみたいと思います。

「反日」という言葉

　人権が尊重された平和な世の中をつくることを目的として，日本軍「慰安婦」制度のサバイバーたちの人生に着想を得たグッズを制作・販売（収益の一部は寄付）する韓国のライフスタイルブランド「マリーモンド」。そのアイテムを着用していた K-POP アイドルが「反日認定」されたことがあります。また，日本の植民地支配からの独立を祝う日である光復節（8月15日）に関するコメントや写真を SNS に投稿した K-POP アイドルが「反日」だと非難されたこともありました。日本軍「慰安婦」問題や，光復節に関する学術的な説明はモヤモヤ本Ⅰで確認していただくとして，ここで考えたいのは「反日」という言葉です。

　「反日」という言葉が使われる際，日本では「一方的な日本（人）嫌い」といった意味合いが強いように思われます。しかし，まず忘れてはならないのは，日本の帝国主義的な朝鮮侵略と植民地支配の歴史のなかで，日本軍「慰安婦」制度の性被害に代表されるような多くの人権侵害があったということです。日本と朝鮮の歴史問題は，政治・外

交問題以前に人権問題なのです。また，日本による朝鮮植民地化は朝鮮民族の自決権を奪ったものであり，それが暴力的におこなわれたことからして不法であったということも忘れてはいけません。

　つまり，日本で「反日」的だとされる言動は，「反・日本帝国主義」が本質であり，日本の朝鮮侵略・植民地支配による人権侵害の歴史を記憶したり，民族の自主決定権を回復させたりしようとするもので，たんなる「日本人嫌い」や「日本“ヘイト”」などではありません。そういう意味では，日本人が本来の「反日」に込められた思いを正当に受けとめられるようになることが重要です。逆に，それを否定することは人権や平和といった大切な価値観を否定することにつながります。また，「K-POP アイドルには，日本のファンも多いから『反日』的な言動をしないでほしい」という意見は，加害国側が，被害国側に口を閉じるように求めるものであり，上から目線の態度とも言えるでしょう。

　「K-POP アイドルも韓国人で，韓国の反日教育を受けているから仕方がない」といった声もありますが，そもそも自国の歴史に，日本の侵略と植民地支配という歴史的経験が刻まれている以上，そうした史実を学校で学ぶのは当然です。たとえば，日本の教育のなかで，ナチス・ドイツによるユダヤ人虐殺の歴史について習うことを，「反独」と呼びません。それと同じく，日本による朝鮮侵略・植民地支配の歴史を学ぶことが，「一方的な日本（人）嫌い」といった意味で「反日」と呼ばれるのはおかしなことなのです。

「15円50銭」の発音

　ほかにも重要な問題があります。たとえば，K-POP アイドルが日本のファンに向けて日本語で歌ったり自己紹介したりするときに，その発音について，日本のファンが「かわいい」と表現することです。

　そもそも，「日韓」にかかわらず，外国語学習者の発音を「かわいい」，さらには「おもしろい」と言うこと自体に問題があります。特に日本と朝鮮の関係においては，朝鮮人が日本語の発音で差別された歴

史があるため，なおさら問題です。

　1923年の関東大震災発生時，「朝鮮人が井戸に毒を入れた」といったデマを治安当局が拡散し，日本の軍・警察・民衆が数千人の朝鮮人を虐殺する事件が起きました（本書147〜152頁参照）。その際，朝鮮人であることを判断した手段が発音だったのです。かれらに「15円50銭」という発音しにくい日本語を言わせて，うまく発音ができない者を殺したのです（加藤 2014）。さらに朝鮮植民地支配の過程で，朝鮮人に日本語の使用を強制した歴史があることも忘れてはいけないでしょう。

　加えて，男性のK-POPアイドルを推すうえで問題となるのが兵役です。男性アイドルが兵役に就くことに対して，日本のファンの悲しむ声を聞きますが，実はここにも「日韓」の歴史が関わってきます。

　そもそも，韓国の男性が兵役に就かなくてはならないのは，現在も朝鮮が南北に分断されているからです。朝鮮戦争（1950〜1953年）は休戦中であり，いまだに終わっていません。そして，その朝鮮の南北分断の根本的な要因は，日本の朝鮮植民地支配にあるのです。

　たしかに，朝鮮が南北に分断されたのは日本の植民地支配が終わったあとであり，東西冷戦の影響が大きいことは言うまでもありません。しかし，日本が朝鮮を植民地にしたことが南北分断の土台となったこともまた事実です。第2次世界大戦当時に日本の同盟国であったドイツは，敗戦後，西ドイツと東ドイツに分断されましたが，アジアでは日本ではなく，日本の植民地であった朝鮮が南北に分断されました。

　そのため，ただ「兵役に行かないで」と言うことは，歴史を無視した態度だと思います。なぜなら，男性アイドルが兵役に行かざるをえない構造がつくられた背景には，日本が大きく関わっているからです。

「歴史を見ないで楽しいところだけを見るのは文化の消費だ」

　ぼくの意識を変えたのは，大学1年の頃に出会った同世代の在日朝鮮人の学生の言葉でした。K-POPが流行する日本社会について，「歴史を見ないで楽しいところだけを見るのは文化の消費だ」と言われた

のです。その言葉をきっかけに，日本人である自分の歴史認識や，内なる差別意識と向き合うことになりました。「韓国文化が好きだから，韓国に対する偏見や差別意識はない」と思っていましたが，そもそも，日本の加害の歴史について深く考えたことがなかったのです。無知ゆえに他人を傷つけてしまう加害性を持つことを，初めて悟りました。

　つまり，日本人であるぼくには，そうした歴史を考えなくとも困らずに生きられる特権があったのです。特権的な立場から，都合のいいところだけをつまみ食いし，韓国文化をたんなる商品として享受してきたぼくは，「文化の消費者」でした。そう考えると，「歴史と文化は別だから」や「音楽に政治を持ち込むな」と発言できること自体が日本人の特権ですし，まさに「文化の消費」と言えるでしょう。これらの言葉の背景には，「政治的なことは避けたい」という気持ちがあるのかもしれませんが，歴史に目を閉ざし，文化のみを享受しようと選択することも，また，政治的な行為です。

　以上はK-POPファンのあいだでよく話題となる問題をまとめたものにすぎません。また，「日韓」とカギ括弧をつけてきましたが，それはK-POPに関わる事象や韓国との関係のみに着目するのではなく，日本と朝鮮，ひいてはアジア諸国の歴史の問題としてとらえる必要があるからです。問題の本質はK-POPをいかに健全に楽しむかということではなく，K-POPファンであるか否かにかかわらず，日本国民が日本の加害の歴史にいかに向き合うかということなのです（本稿は熊野功英「REBELな聴き方コラム②『日韓』の歴史を無視してK-POPを聴くことはできるのか？」[『GQ JAPAN』2022年12月号]を加筆・修正）。

figure 2　軍事境界線近くの臨津（イムジン）公園

撮影：熊野功英

「日韓」のモヤモヤと向き合う 当事者性と想像力

座・談・会

（ゲスト：平井美津子さん）

　「日韓」のモヤモヤと向き合っていくためにはなにが必要でしょうか？　教育現場で加害の歴史を教えている中学校教師の平井美津子さんをお招きして考えました。浮かび上がってきたキーワードは「当事者性」と「想像力」でした（刊行記念シンポジウム「わたしたちはなぜ『「日韓」のモヤモヤと大学生のわたし』をつくったのか」2021年8月7日，オンライン開催の一部。当時の学年は，朝倉・沖田・熊野：学部4年，李・牛木：修士1年）。

生野区で暮らして

沖田：本日はゲストとして平井美津子さんをお迎えしています。大阪府の公立中学の教師として長年教育の現場で子どもたちに日本軍「慰安婦」問題に関する教育実践をされてきたほか，大阪大学・立命館大学でも教えていらっしゃいます。平井さんのお話をうかがったあとに，著者5名とのセッションに入っていきたいと思います。

平井美津子：わたしは生まれも育ちも大阪市生野区という日本で一番「在日」（在日朝鮮人。以下，「在日」はカギ括弧を省略）と呼ばれる人たちが多いところで育った人間です。小さな頃から近くでキムチなどの朝鮮料理の匂いが晩ご飯時に流れてきていました。友だちのなかには在日がいて，日本名を名乗っている人もいれば，朝鮮名を名乗っている

人もいました。

　日本人のなかには，在日は自分たちと違うのだ，という意識を持っている人がいることを，子ども心に感じていました。わたしの家は工場をやっていたので，晩ご飯が遅く，近くのお家にご飯を食べに行ったときに，初めて赤くて辛い料理を食べさせてもらって，と

平井美津子

ても美味しかったのですよね。帰ってから祖母にその話をしたら，祖母はなんとも言えない，「良かったね」という顔じゃない表情をしたのを覚えています。祖母は明治生まれで，祖母の部屋には明治天皇や昭憲皇太后（けんこうたいごう）の写真が飾ってあるような人でしたから，今から思えばそうなんだな，と。でも子どもながらに「なんでおばあちゃんはそんなにしかめっ面をするのかな」と思っていました。

　わたしは，外からはどういうふうに大阪市生野区が見られているのか知らずにいましたが，中学・高校・大学と外の人間と触れ合うなかで生野区出身と言ったら，「あっ，平井は在日？」と言われたりすることがよくありました。そのときにわたしは，自分のなかの差別性をすごく感じました。なぜかと言うと，在日と言われることに対してすごくムキになって否定したのです。知らないあいだに祖母たちと同じように，在日の人たちを見ていたのではないかと感じました。今も自分のなかの差別性というものを時々感じることがあります。だからこそ，それを払拭するには学び続けるしかないと思い，大学では日本史を学んで中学校の教師となって，社会の授業では当然日朝関係史を教えるので，勉強して今にいたっています。

当事者性と想像力

平井：日本人と在日との関係では，難しいと思うことはたくさんありますね。とても親しくしていた在日の家族がいて，その家族の長男が日本人の女性と結婚することになったときに，かれのお母さんが「な

んであなたは日本人と結婚するの！　許せない！」と言われたんです。
友だちから「ちょっと家に来て」と言われて行ったら，その在日のお
ばさんの口から，日本の植民地化によって朝鮮人がどんな苦労をし，
日本に渡ってきてどれだけ差別的な扱いを受けてきたか，そのとき初
めて聞かされました。すごくショックでしたね。こんなに親しくして
いたのに，おばさんたちがそういう思いでいたことをわたしは想像す
らしていなかった。知ろうとしていなかった。かれのお母さんは息子
が日本人と結婚するとなったときに，日本人に対して今まで持ってい
た気持ちが爆発したんですよね。わたしは，そのおばさんを責められ
なかったです。逆に，わたしを含めた日本人がなんでそんなことをし
てきたのだろうかと，どう考えたらいいのかわからないというのがわ
たしの20代後半の体験でした。だからこそ，歴史的なことを学ぶだけ
でなく，生の体験を聞くこと，聞き取ることの大切さを，このときの
経験から学び，それは自分の柱になっています。

　だから授業のなかで話をするときに，歴史的に日本が植民地化した
ことや，植民地化のなかでどんな体験をした人たちがいるか，自分が
聞き取ったことをできるだけ伝えたいと思っています。
　今回のみなさんが書かれたモヤモヤ本でも，「当事者性」と「想像力」
が大きなキーワードになっていますが，常日頃から子どもたちにはそ
のことを話しています。

韓国文化に触れて

平井：わたしが教えている子たちは，男の子も女の子もとても
K-POP が大好きです。ある女の子が「先生，わたしらが大人になっ
たら，一緒に韓国に行こうなー」と言うので，「うん，実現させたい
ね」と，話をしました。そんな女の子たちにわたしが韓国に行った話
をすると，「先生，わたしたちは韓国の人たちのこと大好きだけど，
韓国の人たちは日本人が嫌いなんやろう」と言うのです。「なんで？」

と聞いたら，「う〜ん，だってネットにも書いてあるやん」と言って。「ネット上でどんなこと読んでいるか知らんけど，日本人の韓国人に対しての発言もどうなのかな？」と言うと，「うん，あれもひどいと思う」と言うのです。そういう意味では，仲よくなりたいけど仲よくなれないような，いろいろなものが飛び交っていて，「もう，わからんようなってきた」と中学3年生がそんな話をしてくれます。だから，中3ぐらいで歴史を勉強した子たちとか，BTS大好きとか，韓国料理大好きとか，オルチャンメイク大好きという子たちも，どうしたらいいのかな，どこから入っていったらいいのかなって思っているんです。一番簡単な入り方が文化です。文化から入っていくことをわたしも否定しないし，とても大切だと思います。

　大阪市生野区にはコリアタウンがあります。土日になると，韓国のアイドルショップとか，韓国料理のお店などに若者たちがいっぱい来ます。そこに行くことは，わたしは日本と朝鮮を考える入り口としてとてもいいな，と思います。でもそこで終わってほしくないんです。日本が朝鮮を植民地化して100年以上，江華島事件の頃から考えたら150年経とうとしている。その150年間のなかの日本と朝鮮のあいだにあった問題は，そんな簡単なものではありません。そこをやはり知ろうとしないと，本当に仲よくなれないのではないかと思います。そこを知らない表面的な仲のよさは，ネトウヨ的な言説などが入ってきたら，いとも簡単に崩れてしまう。だからこそ，モヤモヤ本のみなさんが考えた入り口から，もっと知ろう，もっと自分たちで考えたいと進んでいくことが，とても大切だと思います。

3・1運動100年の韓国

平井：2019年，3・1独立運動100周年のときに韓国へ行きました。子どもたちに「今年，3・1独立運動100年だから，韓国に明日から行くよ」と言ったら，「韓国行くんや〜，いいなぁ」に続いて「危なく

ないのかな〜」という声が聞こえました。実際に，外務省からは「反日的な運動が起きたりするので，危ないので，そういったところには近づかないように」という情報も流されました。とても腹が立ったのですけれども，「危険じゃないのかな，日本人がこの日にここに来て」と思っている自分もいたのですよね。でも実際に，2019年の3月1日の早朝に，（3・1運動当時，独立宣言書が読み上げられた）タプコル公園に行ったときには，とてもたくさんのお年寄りがいて，雰囲気でわかったのかもしれませんが「イルボン（日本）か？」と聞かれて，「イルボンです」と少しためらいながら言うと，すごく喜んでくださって，太極旗を手に持たせてくれました。こんなときに来るイルボンはだいじょうぶだと思ってくれたのか，ほっとしながら，式典に参加しました。式典の会場は光化門広場で，若者たちの素敵な群舞のパフォーマンスがありました。この光化門の後ろには植民地期に日本の朝鮮総督府があって，宮殿（景福宮）を隠していたわけです。とてもたくさんの日本人観光客が必ず景福宮に行くけれども，はたしてどれだけの人がそこに総督府の建物があったことを知っているのでしょう。

教師としてモヤモヤすること

平井：生野で育ったわたし自身，小さい頃からモヤモヤしていましたが，今教師として学生のみなさんとは違うモヤモヤを持っています。たとえばある生徒が「先生，こんな本をお母さんが読んでみろって言って渡してくれた」と言って。『反日種族主義——日韓危機の根源』（韓国の李栄薫編著［文藝春秋，2019年］。歴史否定論すなわち歴史修正主義の立場の著作。第2章「『なにが本当のことかわからない』のはどうしてなの？」・「韓国のなかでは歴史についてどう考えられているの？」参照）を持ってきたんです。こういう本がやっぱり一般の家庭に出回っているんです。韓国の人が書いたと思えないぐらいのあからさまな「反韓」ですよね。でも，その子どもに「読むな」とは言えない。中学生ぐら

いの子どもはけっこうストレートにそういうのを出してくれるので，逆にわたしはありがたいのですが，この本を持ってきた中学生だけじゃなくて，こういう家庭はほかにもあるのでしょう。あるからこそ，ベストセラーになるわけじゃないですか。実際，本屋さん行くとあんな本だらけですよね。このモヤモヤ本がどこの本屋さんでもバーッと平積みされていたら，わたしはそれなりの対抗本になるのではないかと思うのですけども……。

　ただ，わたしは「『反日種族主義』は間違っているから読むな！」とは言いたくない。読んだうえで，自分なりに「なんか，違うんじゃないかな」「どこが違うのかな」「そこをもうちょっと自分なりに考えたいな」と思ってほしいんです。

学ぶ場があること

平井：たぶん，みなさんがモヤモヤ本の出版にいきつくまでに，自分たちが中学や高校で受けてきた授業では「こんなこと習ってこなかったよ」とか「習ったかもしれないけど忘れたな」とかいろいろあるなかで，一橋大学に来て日本と朝鮮の問題を研究されている先生方にめぐりあったからこそ，こういう本を考えるようになったと思うのです。だから，めぐりあいってとっても大切だなぁと思っています。

　しかし，みなさんみたいに加藤圭木先生にめぐりあえた人たちばかりではないですよね。わたしが非常勤で教えている大学でも，ネット上の言説を本当に信じ込んでいる学生はいっぱいいます。日韓問題でいろいろアンケートをとったりするのですけれど，「とっても政治家目線だなあ」とか「安倍晋三さんの話を信じ込んでいるんだな」などと，感じる学生がけっこういます。それはやはり悲しいかな。歴史を入試の知識としてしか考えていない，今を生きる力として考えていないということもあるのだと思います。

　わたしは，歴史というものは今を生きるうえでとても大きな指針に

なるものだと考えています。自分の歴史観をきちっとつくっていかなければ、歴史とも言えないような言説に振りまわされてしまうと思います。みなさんたち自身がモヤモヤしていた、だからそのモヤモヤを解消したいな、一人じゃ難しい、でも加藤ゼミに入ったら同じようなモヤモヤを感じる仲間がいて、だったら自分だけじゃなくて、人と共有しながらそのモヤモヤと格闘していこうと思ったことが、わたしはうれしいな、すばらしいな、いいなーって感じました。この本を読んで、とっても気持ちがあったかくなって、これからまだまだいけるじゃないか、と思わせてもらいました。

　今日はいい機会をいただいてありがとうございました。

歴史を学ぶ意義

沖田：モヤモヤ本への感想だけではなくて、平井さんのモヤモヤの話などもシェアしていただいて、すごく新鮮で、ありがたい気持ちでいっぱいです。今のお話を聞いて、それぞれ考えたことがあると思うのですが、朝倉さんどうですか。

朝倉：そうですね。教育が歴史認識に与えている影響についてお話ししたいのですが、先日、わたしがこういう問題を学んでいるのを知っている友人から、「『慰安婦』問題ってよくわからない」と言われたのです。背景には現在の教育のあり方があると思いますが、そのような感覚が日本社会に通底しているのではないかと考えさせられました。先ほど平井さんも言われたように、歴史が暗記科目とか入試のためだけの勉強になっている部分が大きいのではないかと感じます。自分自身の問題として歴史や差別にどう向き合うのかを考えることも含めた教育が、今後重要なのではないかと思いました。

沖田：本当にそのとおりですよね。『反日種族主義』が自宅にあるとか、教科書や教育現場にも政治介入があるなかで、「なにが本当のことなのかわからない」ということになってしまうのかなという気がし

たのです。でも，平井さんのお話を聞いて，「なんか変だなぁ」という違和感やモヤモヤを感じるきっかけがひとつでもあれば，違う方向にいくかもしれないと希望を感じました。熊野さんはどうですか？

熊野：まず，平井さんが自分のなかの差別性に気づいたというお話がとても新鮮でした。ぼくも自分のなかの加害性や差別性に気づいたという経験があって（モヤモヤ本「ただの K-POP ファンが歴史を学びはじめたわけ」参照），自分自身でも学び続けるしかないと考えてきたので，平井さんのお話に共感しました。

　ところで，モヤモヤ本を読んだ人で，「歴史を知らなければならない」という義務感や圧迫感を感じた人がいるかもしれません。もちろん，それは人権の問題として絶対に知らなければならないことだと思うのです。ただし，大事なのは，義務というより，自ら知ろうとする，わかろうとすること，学ぼうと思う姿勢ですよね。そうしたことが，モヤモヤ本を通じて，特に K-POP が好きな人などに伝わったらいいなと，今，お話を聞いてあらためて思いました。

　それから，歴史を学ぶ意義についてですが，平井さんは「今を生きる大きな指針になる」と言われたのですけれども，ぼくも同じように思っています。歴史は暗記科目というイメージがあるために学ぶ意味がわからないという人が多いと聞きますが，でも，特に朝鮮と日本の歴史を学ぶと，人権に対する認識などをはじめとして自分自身の価値観や，自分の生き方を必然的に考えるようになると思うのです。

沖田：ありがとうございます。相眞さん，いかがですか？

李：平井さんがおっしゃるように，歴史と向き合う際には「想像力」と「当事者性」が重要だと思います。自分もモヤモヤ本のエッセイのなかで（植民地期に日本で生活しており，解放後に帰国した）祖父の話を書きましたが，それまで在日朝鮮人の歴史について勉強はしてきたのですけれども，表面的な知識にとどまっていたと思います。モヤモヤ本を制作することになって祖父の話を書いたことで，この問題に本格的に向き合うことができるようになりました。在日朝鮮人の歴史を自

31

分ごととしてとらえるようになったのです。

　わたしの場合は韓国人であり家族から語り継がれた経験があるので「想像力」や「当事者性」を比較的持ちやすい立場にいます。また，モヤモヤ本の著者のなかには，在日朝鮮人や韓国人から差別について批判されるなどの強烈な経験をしてきた人がいます（モヤモヤ本「韓国人の友達ができたけれど……」「ただのK-POPファンが歴史を学びはじめたわけ」参照）。でも，こうした強烈な経験だけが自分を変えるのではありません。強烈な経験がなければ「想像力」や「当事者性」を持てないというわけではないのです。授業を聞く，本を読む，歴史の現場に足を運ぶなどの間接的な経験を通して想像をすることもまた，自分自身を変えるきっかけになると思います。

　平井さんのお話のなかで，生徒たちが「韓国人は日本人が嫌い」と言っていたという指摘がありましたが，韓国人としては日本人が好きか嫌いかという問題ではなくて，日本人が韓国人と共通の歴史認識を持っているかどうか，が重要なのだと思います。モヤモヤ本に掲載された座談会でも指摘していますが，「反日」とは，あくまでも朝鮮を植民地支配した日本帝国主義への批判，またそうした歴史を反省していない現在の日本政府や日本社会への対抗であると思っています。

沖田：ありがとうございます。牛木さんはどうでしょう？

自分のなかの差別と向き合う

牛木：平井さんのお話で，すごく心をつかまれたのが，「在日か？」と言われたときに自分のなかに差別性を感じたという話です。わたしもまったく同じ経験をしたことがあって，そのときに自分も「いや，日本人です」と言ってしまったのです。「日本人じゃなかったら，なんなんだ」と言い返せばよかったのに，とあとで後悔しました。本を書き終えてからも，自分の態度や生き方，言葉遣いや選択のすべてが問われているという感覚があります。だからといって行動や思考が不自

由になったわけではなくて，より自分のなかの本質的なところに向き合うことができるようになっています。わたし自身は，そうした生き方のほうが好きです。もちろん，正直に言えば，明るい気持ちだけではありません。自分が被害者を抑圧する構造の上に生きていて，被害者側と同じ立場に立って力になることはできないわけですから，もどかしさを感じることもあります。でも，自分に対する怒りがエネルギーになるので，そこで一歩踏みとどまって，みなさんと一緒にその先を考えていきたいと思いました。

　植民地支配の歴史を学んでいると，まわりから「偏らずに客観的に歴史を見たほうがいいよ」と言われたり，モヤモヤ本やこのゼミについて「韓国寄り」，「反日」だと言われることがあります。まず歴史の事実をきちんと見たうえで，被害者の人権を軸にして考えたときに，この問題はサイドが分かれるものではないとわたしたちは思っています。そのことについて，本書に対するネット上の感想では，まっすぐに受けとめてくださる人が多くて，すごくホッとしました。

　日韓交流の場面では，日本人側の認識として「自分には差別意識はない」とか，日本と韓国は「お互い様」という考え方をよく目にします。たとえば，「日本が過去にしたことは悪いと思っているけれど，韓国が日本を歴史問題で執拗に攻撃したことで日本人も気分を害したのだから，韓国人も謝ったほうがいい」といった意見を持つ人もいます。かつての自分もそうでした。でも，韓国人が日本側を批判するのは，不合理なことに対して声をあげているのであって，不当に攻撃をしているのとは質が違います。そこをきちんと考える必要があります。日本の加害の歴史に向き合うのに慣れていない人の場合，「日本が悪いことした」と言われると，「いいこともあった」と言いたくなってしまう気持ちがあるのだろうと思います。それはかつての自分にもありました。日本の近現代史において，日本人にとって「良い」と感じていたことが，だれかの犠牲の上にあったことを意識すれば，「日本人の見方」「韓国人の見方」という形で二分するのではなくて，ひと

33

つの歴史として認識できると思います。

　ある友だちに「この本を書いたんだ」と伝えたら，「韓国人の友だち，たくさんいたもんね」と言われたのですよね。違和感を覚えつつ考え込んでしまいました。なぜかと言うと，「友だちがいる」という理由だけで，歴史に向き合うか・向き合わないかを決めてしまえるようなそんなに軽い問題ではないですし，本来，みんなが向き合うべき問題だと思うからです。適切な言い方かどうかわからないのですが，自分自身がこの社会に生きながら常に踏み台のようにしてしまった人や存在のことを考えることを大事にしていけたらなと思います。

「嫌韓派」とどう向き合うのか

沖田：ありがとうございました。ここからは参加者のみなさんからのご質問に答えていきます。まず，「『嫌韓派』や右翼的な意見を持つ人がネット上にいた場合，どのように対応しますか」，「ネット上で根も葉もない『嫌韓』的な発言があって，この本読んだけどまたモヤモヤしてしまいます」とのご質問とご意見です。そういう人たちに対してなにかできることはないのかと考えていらっしゃる方が多いようなのですけれども，牛木さん，いかがですか？

牛木：わたしもすごく共感します。ネットで見るたびにイライラします。ただし，あまり自分一人で抱え込まずに，まずは，この問題について語り合える空間をひろげていくことが大切だと思っています。

　モヤモヤ本ではマリーモンド（38〜39頁参照）の話や「軍艦島」（42〜43頁参照）の話をしましたが，わたしの同級生がTwitterでまさにそれらに関して「ネトウヨ」的な発言をしているのを見て，書いたものなのです。今後，もし直接同じようなことを言われたら，「この本，読んで」と渡したい。これらの問題は一言で説明するのは難しいと思うので，モヤモヤ本を歴史否定的な発言などに抵抗するためのひとつの道具として使ってもらえたらすごくうれしいです。

沖田：ありがとうございます。Twitterでは攻撃的な発言もあると思うのですが，熊野さん，どうですか？

熊野：「ネトウヨ」や歴史歪曲をしている人たちにどう対応するかということですが，まず議論の俎上（そじょう）に載せないことが第一だと思います。これはその人たちのことを見下しているのではなくて，差別や人権侵害を学問的な裏づけを持つ議論と同じ土俵にあげてはいけないからです。それらが同じ土俵にあがると，デマと学問知が同等のレベルで扱われてしまうので，知識のない人からしたらどっちが本当のことなのかわからなくなるという問題があると思います。

　そのうえで，差別を放っておくことは影響が大きいですから，Twitterの場合は通報したり，通報を呼びかけたりすることが大事だと思います。

沖田：そうですよね，そのような小さな行動一つひとつが大切な意思表示なのだと思います。

現代人の責任

沖田：わたしがすごく気になった質問なのですけれども，「自分が生まれていない時代の日本軍の犯した犯罪に対して，戦後に生まれた者が責任を持ち，謝罪することが必要だと言われる。それについて昨今の若者はどう考えているのですか？」とのことです。「戦後70年」の2015年に出された安倍晋三談話では「私たちの子や孫，そしてその先の世代の子どもたちに，謝罪を続ける宿命を背負わせてはなりません」と言われていましたが，みなさん，いろいろと思うところがあったのではないでしょうか。熊野さん，いかがですか？

熊野：モヤモヤ本のなかで自分の書いたところと関わりますが，テッサ・モーリス＝スズキさんというオーストラリアの歴史研究者が提唱している「連累」（れんるい）という考え方が大切だと思います（テッサ・モーリス＝スズキ 2014)。「連累」とは，戦後世代は直接的に侵略戦争や植民地

支配で加害をしたわけではないから，直接的な意味での責任はないけれども，そのような過去の悪行を生んだ構造の上にわたしたちは生きているし，その差別や排除を生む構造がまた今も残っているのならば，それについて今を生きる自分たちが壊していく責任があるし，また過去の歴史を風化させず記憶していく責任があるというものです。自分はその考え方にすごく影響を受けています。

　安倍さんの「謝罪を続ける宿命を背負わせてはなりません」という言葉から感じられるのは，謝罪を表面的な言葉だけの問題と考えていることです。ただ言葉だけで「ごめんなさい」と謝るのではなく——もちろんその言葉も大事です——それ以上に日本政府がきちんと加害の事実を認めたうえで謝罪をし，法的責任を認めて賠償することが必要です。さらには，責任者処罰や，再発防止という意味で歴史教育や研究，加害の歴史に関する博物館を建立するなどの一連の行為が必要だと考えています。謝罪とは，一度きりの言葉で終わらない継続的なものだと言えます。自分たち市民は，日本政府にそのような取り組みをさせていく責任があると思います。たとえば，歴史否定の発言が政治家から出てきたら，それに対して「おかしい」と言っていく。そういったことが自分たちの責任なのではないでしょうか。

沖田：本当にそうですね。「みんなが謝らないと解決しないのですよね」という質問も寄せられていたのですが，一人ひとりの個人が謝るというよりは，自分たち市民がきちんと日本政府の対応を変えさせるようにはたらきかけたり，歴史否定的な認識を持つ政治家などに問題を指摘していったりすることが求められているのだと思います。

歴史を「知る」とはどういうことか

沖田：次に「若い世代は『慰安婦』問題や強制動員などの加害の問題に無感覚なのではなく，理不尽な被害と感じている人も多いのではないか」というご質問です。わたしの場合は，たとえばニュースで，「平

和の少女像」（日本軍「慰安婦」問題の被害者をモチーフにした像で，被害者支援運動の一環で制作された。モヤモヤ本「マリーモンドと『少女像』」ならびに岡本・金 2016参照）が出てきたときに「なんでそんなに昔のことをずっとやっているのだろう」と自分とは切り離して考えてしまっていました。自分に関係あることと思ってなかったことに，大学で学ぶ過程で気づきました。

平井：知識として知っているというのと，その実相まで理解できているということでは，段階差があると思うのですね。高校ではもちろん世界史・日本史の授業で植民地支配を学ぶけれども，そこに住んでいた人がどんな人びとで，どんな暮らしをさせられていたかということまで想像力をはたらかせて，知ろうとしなければ，ただの知識で終わってしまう。それだと，当然「当事者性」を考えることもないわけですよね。そして結局は「いつまで韓国はこのネタで日本に文句をつけてくるのだ」とか（日本軍「慰安婦」問題に関して，被害者の意思を無視して，「最終的かつ不可逆的な解決」を宣言した2015年の）「日韓合意で終わっているはずだろう」とか，そういう言説に絡め取られてしまう。そこが「知っている」というのと「そこからもう一段深めていく」ということの違いかなと感じます。

熊野：そうですね。自分は，モヤモヤ本のなかでまずは「知る」ことが大切だと書いているのですが，そのとき「知る」にはカギ括弧をつけました。それは，歴史的な知識として知ることは大事だけれど，それ以上に自分自身の認識を深めるところまで行くという意味をこめているからです。ですから，今の平井さんの話聞いて，本当に共感しました。

モヤモヤすら感じない人

沖田：ただ，「知る」ことってすごく難しいと思います。今の話に関係するのですが，「モヤモヤを感じられる人は，その時点で認識を変え

37

たり価値観をアップデートする可能性があると思いますが，モヤモヤ
すら感じない人たちも一定数存在するのではないでしょうか」という
ご質問がきています。それから，韓国文化が好きな人のなかで「韓国
のアイドルが好きだけど，あの国の人とは仲よくなれない」といった
発言がされることがあるというコメントがきています。そういう人た
ちにどうアプローチしていけるのかという質問をいただいています。
難しい問題だと思うのですけれども，牛木さん，いかがですか？

牛木：モヤモヤを感じない状況がつくり出されているということがそ
もそも問題だと思うので，モヤモヤをまわりの人たちが語りだせば，
そうした人たちのなかにも必ずなにかが生まれてくるものだとは思い
ます。その人に直接なにかアプローチできるかどうかについては，個
人の関係性などにもよると思うので難しいかもしれないのですけれど
も，少しずつ輪をひろげていったり，1回ぐらいこういう問題につい
て「どう思う？」とはたらきかけてみることもできるかもしれないで
すね。一人でなにかをするというよりは，そういう環境をつくってい
くことに意識をおいたほうがいいのかなと感じました。

熊野：自分も K-POP のファンダムを見ていて，けっこうモヤモヤす
ることがあります。一方で今回，韓国文化が好きな人たちが，本書を
ひろめてくださっているおかげで，「この本，読んでみよう」とか「自
分も学ばなきゃ」というような形で連鎖がどんどん起きています。も
ちろん全員に届けるのは難しいですし，本当にモヤモヤすら感じない
という人までに届くのかはまだわからないですけれども，少なくとも
こういった問題意識を共有できる人にどんどんひろげていくことは，
この社会の問題意識とか人権意識の根底の部分をみんなで少しずつ上
げていくということになると思います。

社会は変わらない？

沖田：最後の質問です。「世の中は変わらない，政治は変わらないと

いう諦めのような気持ちを持ってしまいます。このように言われること，みなさんはどう考えますか」。朝倉さん，どうでしょう。

朝倉：わたし自身も学びはじめる前は，政治に対して「政治家がやっていること」というイメージがあって，どこか自分とは無関係のものだと思っていました。まわりの様子を含めて言うと，政治の話は大学生のあいだでなかなかしない，話しづらいという雰囲気を感じています。そうしたなかで，たとえ一人だけが学んで変わったとしても世の中は変わらない，と感じている人が多いと思います。でも，わたしたち一人ひとりが学んで変わっていけば絶対社会って変えられると思うのですよね。だから，この本を手にとってくださったみなさん一人ひとりが，自分自身や社会と向き合って考え続けてくれればいいのではないかと思います。

沖田：世の中は変わらないと思ってしまいがちですけれど，今日この場に集まってくださった人たちはモヤモヤ本を手にとってくれたのですよね。その時点で，ひとつのアクションとしてすごく価値のあることだし，それって世の中を変えるエネルギーではないでしょうか。ここに参加すること自体もすごく大きな行動ですし，そういう小さいようで実は大きな行動の積み重ねの先に世の中がつくられているものだと思うのです。たとえば「自分がこの本を読んで，モヤモヤして……，あっ自分ってもしかしたら差別性を持っていたのかもしれない」，そういう気づきをそのままにするのではなくて，「だれかに話してみようかな」とか，そういうところから少しずつ変わっていくと思うし，そういう輪がひろがっていったらいいなと思っています。

熊野：世の中は変わらない，政治は変わらないという意識は，自分たちの世代はけっこう持っている感覚かもしれません。そういうことでモヤモヤすることはあると思うのですけれども，そのモヤモヤを起点に考え続けていくことが第一だと思います。それに加えて，日本の状況だけを見てしまうと絶望してしまうことがあるのですが，今の韓国では市民運動やフェミニズムなどがすごく活発で，バックラッシュが

あるにしても，自分たちが社会を変える主体だという意識が高いと感じます。日本だけを見て考えるのではなくて，ほかの社会の実践から学び，日本の民主主義を改善していくことが必要です。

　そのうえで，人権を基盤にして朝鮮側との連帯の可能性も考えていけたらいいのではないかと思います。ただ「仲よくなろう」という交流ではなくて，人権に基づいた連帯です。それが被害者の人権を回復することにもつながるでしょうし，ひいては真の意味での日本と朝鮮の友好にもつながると思います。

李：平井さんの『「慰安婦」問題を子どもにどう教えるか』を読んだのですけれども，卒業式のときに卒業生に向けて平井さんがおっしゃった言葉が紹介されていました。「〔これから社会に出ていったときに〕理不尽なことがたくさんあるかもしれません。〔中略〕そんな時は，抵抗するのです。抗うのです。〔中略〕一人で抗えないときは仲間と連帯するのです」というものです。これは，日本と朝鮮の問題を超えて，さまざまな場面で適用できます。ここに参加されているみなさんも，社会の問題でモヤモヤする場面があると思います。そのときに自分の意見を言う，仲間と語り合う，そうするなかで社会を変えることができる。そして主権者として選挙に参加して，自分の意思を表明する。短期間で変わるとは思っていないのですけれども，それを続けていくことで社会が少しずつ変わるのではないでしょうか。

牛木：同じ話になってしまうのですが，この前高校生の弟に「いやもう，社会はどうせ変わらないよ」と言われました。そのときにやっぱりすごくショックを受けました。わたしはゼミの人たちと毎日顔を合わせているので，その感覚がなくなってしまったりするのですが，ちょっと外に出ると「あぁ，こんなに閉塞感があるのだな」と思いました。歴史や政治の問題は自分たちが考えているよりも身近なところにある。直接的には植民地支配の歴史とは関係ないように見えるような社会問題とか，たとえば入管の問題もそうですし，ジェンダー問題も全部つながるところがあると考えることができます。そうした問題に

ついて，多くの人が根本というか，歴史や政治の問題として考えるようになったら，もっと輪がひろがるのではないかと感じます。

沖田：最後に平井さんから，ぜひ一言いただければと思います。

平井：先ほど沖田さんが，〈この本を手にとって，ここに集まってくださったこと自体が，もうアクションを起こしている〉と言われたのは，そのとおりだと思いますね。変えるってとても大げさなことのように感じるかもしれないけれども，自分が今までやっていなかったことをひとつやってみようとか，今までこんな問題について対話していなかったことを対話してみようということ自体が，変えていく一歩だと思います。

　モヤモヤ本のなかにあるいくつかのキーワードのなかで，自分でも「これやな」と思ったのが，「変えたかったら自分が変わんなきゃ」っていう言葉でした。まさしくみなさんはこのゼミのなかでそれを実践してこられたと思うのです。1冊の本を制作することは，本当に大きなアクションで，大きな社会変革のひとつであり，その一歩，いえ十歩先を行くことだと思うのですよね。先を行ったみなさんが，自分だけ先に行くのではなくって，今度はだれかを連れて行こうというふうにやってくれたら絶対社会は変わると思います。「変わらない」と思わせる社会をつくってきたわたしたち大人は，とても反省しなければならないなってあらためて肝に銘じるとともに，みなさんと一緒に変えていく主体になりたいなと思います。今日はありがとうございました。

41

座・談・会

『「日韓」のモヤモヤと大学生のわたし』への現役大学生の声にこたえる

現役大学生はモヤモヤ本をどのように読んだのでしょうか？　モヤモヤ本に対する現役大学生のコメントに著者5名が応答しました。（2022年度春学期に一橋大学で開講された「アジア社会史総論A」〔担当：加藤圭木，映像配信方式，受講生は約90名〕では，課題のひとつとして，モヤモヤ本を読み，また2021年8月に開催された刊行記念シンポジウム〔第1章座談会「『日韓』のモヤモヤと向き合う当事者性と想像力」〕の映像を視聴して，コメントを述べるレポートが受講生に課されました。そして，授業内でレポートに対してモヤモヤ本の著者5名が応答しました〔2022年5月5日収録〕。当時の学年等は，朝倉：修士1年，熊野：修士1年〔米国留学中〕，李：修士2年，牛木：修士2年〔韓国留学中〕，沖田：会社員1年目）。

自分自身の問題として考える

熊野：みなさん，こんにちは。モヤモヤ本および刊行記念シンポに対して受講生のみなさんからいただいたコメントに著者5人でリプライしていきたいと思います。現在，沖田さんは会社員となり，ほかの4名は社会学研究科修士課程に進学し大学院生になりました。

みなさんから寄せられたコメントのなかで，印象的だったものをとりあげて，それぞれに応答していきたいと思います。まずは全体につ

いて朝倉さんからお願いします。

朝倉：自分自身の加害性や差別への加担の経験を書いている人が多かったのが印象的でした。モヤモヤ本では，わたしたち自身がどのように加害の歴史や差別の問題と向き合ってきたのかに関して経験を記述することを重視したのですが，それと同じようにみなさんも書いてくださったわけです。そのうえで，自分自身が今後どうしていきたいか，たとえば，もっと勉強していきたいとか，ほかの人にこの本を勧めてみたいとか，そのようなコメントも多く，うれしく感じました。この本を読んでくれた人たちが少しでもなにかしたりとか，自分が変わったりすれば，大きな力になると思います。

植民地支配の問題はサイドが分かれる問題なのか？

熊野：それでは具体的な問題に入っていきます。モヤモヤ本では，「文化交流をすれば日韓関係は改善される」といった安直な議論を批判し，表面的な日韓の文化交流に頼るのではなく，加害の歴史と向き合うことの重要性を指摘したのですが，これに共感するコメントが多く寄せられました。韓国文化がこれだけ流行しているなかでこれを批判的に見るのは難しいのではと思っていたので，少し意外でした。そのひとつとして，BTS のファンの「ARMY」の方から印象的なコメントがあったので紹介したいと思います。

　「BTS のメンバーは日本語を話すことが多々あり，彼らが日本語を話している動画に対するコメントとして『こんなに日本語を話してくれているのだからとても反日とは思えない』，『BTS が親日でうれしい』というようなものをいくつも見かけました。わたしは日本語を話していたら親日であるというその表面的な理解は簡単に変わってしまうのではないかと思います。たとえばデビューして間もないころは光復節を祝うような投稿をあげていましたが，上記のようなコメントをしている人たちはそれを知ったらどう思うのでしょうか。『日本語を

話している＝BTS は親日だ」というような理解では『光復節を祝っている BTS は反日だ』と安易に見方を変えるのではないでしょうか」。

　ファンダムのリアルな状況を指摘してくださいました。表面的に「親日」「反日」などと「上から目線」でジャッジすることの問題性を指摘したコメントでした。

　ほかにも K-POP ファンのコメントや韓国文化が好きな人のコメントがありましたが，大部分が加害の歴史に真摯に向き合うべきだと書いていたので，希望を感じました。

李：このコメントはとても印象的でした。この方が指摘しているように，表面的に文化を楽しんでいるだけでは，結局，光復節を祝う投稿を読んだりすれば，文化交流からも離れてしまうでしょう。加害の歴史をしっかりとふまえることが大切です。

熊野：加害の歴史に向き合うことに関して，モヤモヤ本ではオーストラリアの歴史学者であるテッサ・モーリス＝スズキさんが提唱した「連累」の考え方を紹介しました（本書35〜36頁参照）。これについては「印象的だった」とか，「目から鱗だった」とか，「認識が変わった」というコメントが多かったです。ある人は「事実に基づいて，より公正で痛みのない社会の実現を希求し続けること，これはわたしたちが当然に持つべき課題」だとしたうえで，「当たり前に努力すべき公正社会への希求が，現在，日本国家を含めた主体には充分にできていないということでもある」と書いてくれています。

　モヤモヤ本は，刊行以来「韓国寄り」「反日」と言われることがありました。刊行記念シンポで牛木さんが，「歴史の事実をきちんと見たうえで，被害者の人権を軸にして考えたときに，この問題はサイドが分かれるものではない」（本書33頁参照）と発言したのですが，これに応答する形で「そもそも一つの史実自体が共有されず，生まれるはずのないサイドというものが生まれているのが日本社会の現状なのではないか」というコメントがありました。

牛木：このコメントを拝読してとても的確な現状把握をされていると

感動しました。歴史問題を考えるときに，わたしたちの本では，人権をどのように守っていくか，回復していくのか，というところに重点を置いていたのですが，「韓国寄り」というような枠組みで語られてしまう。サイドを分けるのではなく，史実をもとに，どういう問題がいかなる構造のもとで起こったのかをふまえて，どのように対応しなければならないのかを考えていくことが大切ですよね。

「表現の不自由展」に参加して

熊野：「表現の不自由展・東京」が大学がある国立市で開催（2022年4月）されましたけれど，これに関するコメントがいくつかありました。「表現の不自由展」は，公共空間や公共施設で検閲を受けた表現を集め，展示しているプロジェクトで，2015年以来日本各地で開催されてきました。「平和の少女像」が展示されていることで注目されることもあります。2019年のあいちトリエンナーレで，「表現の不自由展・その後」が脅迫により，「中止」に追い込まれたこともありました（詳しくは岡本・アライ 2019）。

朝倉：わたしは「表現の不自由展・東京」に実行委員として関わったので，その経験をふまえてお話しします。まず，「表現の不自由展」に関して，親に「危ないから近づくな」と言われたり，報道を見て怖くなって観に行くのをやめてしまったというコメントが寄せられました。この点については，メディアの問題もあると思っています。「あいちトリエンナーレ」のときもそうですし，2021年6月に東京での展示が延期に追い込まれたときも，今回の国立市でもそうだったのですが，メディアの報道として「表現の不自由展」が右翼から攻撃されているということだけが報道されている感じがしました。実は，「応援しています」というメッセージのほうが多く来ていたのですけれども，攻撃の面がクローズアップされていました。また，「平和の少女像」ばかりが注目されているのも問題だと感じました。そもそも「表現の不

45

自由展」はアート展示ですし，すごくいい作品ばかりなのですが，ほかの作品に対するリスペクトや理解が少し欠けているのかなと感じました。

　それから，いただいたコメントからは少しずれるのですが，今回国立の展示では，小学生や中学生も来ていて，「子どもと一緒に来ています」という人が割といたことが印象深かったです。

沖田：今回の展示はわたしも見に行ったのですが，ちょっと身構えすぎていたと思っています。高齢の方しかいないのかなとか，右翼の街宣カーがいっぱいいるのではないかと，恐る恐る一人で行ったのです。着いてみたらそんな感じではなくて，けっこう穏やかな雰囲気でした。もちろん警備の方などはいたわけですが，わたしと同じタイミングで入場した若いカップルがいて，普通に芸術鑑賞というか，美術館に来るみたいな感じでした。

　展示の最後には，この「不自由展」を見てなにを感じたのかコメントを書いて壁に付箋で貼るコーナーがあって，そこには「すごく心に響きました」といった，肯定的なメッセージがありました。

　メディアの報道のされ方についての朝倉さんの話は，本当にそのとおりだと思いました。この問題について少し勉強したことのあるわたしでも，「だいじょうぶなのかな」とちょっと不安な気持ちを抱いて会場に行ったほどだったので，メディアのとりあげ方は残念です。「表現の自由」という切り口からちゃんと公正に報道してほしいと思いました。

熊野：単純に，これらの作品を展示するのがこんなにも日本社会で難しいのか，日本社会がいかに民主主義的じゃないか，ということを感じさせられます。

沖田：そうなのですよね。朝倉さんも言っていたように，「平和の少女像」だけじゃなくていろいろな展示があるのですけれども，そうした展示の一つひとつに，過去にどういう妨害があって展示できなかったのか紹介されていました。報道だと「『反日』的な展示が……」と言

われていましたが，そうではなくて表現規制が行われていること自体に問題提起をすることが展示の趣旨です。

熊野：日本社会を批判するアートがあってもいい。というより，アートが政治性を持つことは当然のことだと思います。たとえばドイツでは自国の加害の歴史に関する博物館がありますし，そのようなメッセージが込められたモニュメントが公共の場にある。日本で言えば，たとえば「平和の少女像」が国会議事堂の前にあるというようなことが，ドイツでは当たり前の風景なのです。日本社会ではそれが想像しにくいですし，「えっ！」と思ってしまう。この展示が話題になるたびに，そうした現状をどうにかしなければならないと思います。

朝倉：今の熊野さんの意見と同じように，「『平和の少女像』が普通に日本の公園みたいなところにあればいいのに」といった来場者の感想があって，本当にそのとおりだと思いました。今，日本では，そもそも「表現の不自由展」などでしか「平和の少女像」に出会える機会がありません。「平和の少女像」を見て，来場者が「やっと会えたね」と声をかけたりしている場面もありましたが，大変な思いをして展示して，そうでないと出会えないこと自体がすごくおかしなことです。加害国である日本こそがむしろ「平和の少女像」を設置していかなければならないのではないのかなと，今回あらためて思いました。

熊野：「平和の少女像」がどういう意味を込められた作品なのか，モヤモヤ本を読むまでは「メディアの報道から，やはりちょっと勘違いしていた」というコメントも多かったです。

加害性を自覚すること

熊野：次は，フェミニズムと絡めたとても印象的なコメントです。まずこの方は，「わたしがフェミニズムについて考える際も，多くの男性はこのモヤモヤを感じずに，自分への怒りも感じずに生きていくことができることに怒りを超えてうらやましさすら感じてしまうことが

47

ある。日韓問題においても，フェミニズムの問題においても，加害者側に加害の意識を持たせることそのものが最も難しいことなのではないか」と記されています。そして，刊行記念シンポジウムで，本書がSNSで「反響の連鎖」が起きたとわたしたちが語ったことについて，「その反響の連鎖は，いつか『モヤモヤすら感じない』人に到達し，全員とはいかなくとも，数人にとって新たに日韓問題について考えはじめるきっかけになるのではないかと思う」と書いてくれました。

李：このコメントは印象に残りました。フェミニズムを考えるときに，男性としてどう向き合うべきなのかについてはとても大事なことだと思っています。この本は日本と朝鮮に関するモヤモヤを扱った本でしたが，そこからほかのモヤモヤへと考えをひろげていくことも重要です。（特権を持っている）男性として，このコメントで指摘されていることを自分自身の問題として考え続けたいと思います。

牛木：男性が特権を持つ側にいることで感じずに済んでいる問題について，女性の側が常に向き合わざるをえない状態になっていることを，この方は感じていらっしゃると思いました。朝鮮人差別の問題で言えば，なにか問題が生じるたびに，歴史的経緯や差別の実態について説明を求められるのは，在日朝鮮人なわけです。こうした状況について特権を持つ側が自覚しなければならないと感じました。

熊野：加害や差別について気にしなくてもマジョリティの側は生きていけるということですね。マジョリティが，ジェンダーや日朝問題を含めて意識を持っていくことが必要だと強く思いました。

沖田：みなさんと同じことを感じましたが，わたしが一番印象に残ったのが，〈反響の連鎖がいつかモヤモヤすら感じない人に到達するんじゃないか〉というところです。状況を変えられるかもしれないという希望を感じてもらえたことがすごくうれしいコメントでした。実際わたしも，大学2年生のときに受けた授業で初めて自分のなかの加害性だったり，内に秘めていた差別に気がつき，そこから学びはじめたのでした。考えはじめるきっかけになりうる出来事はたくさんあると

思うし，そのきっかけを自分自身もつくり出していくことができると
わたしは思っています。話題にすることだったり，この本を人に紹介
するまでいかなくても机の上に置いておくとか，そういう小さなこと
から変化を生じさせることができるとわたしは信じています。そうい
う意味で，フェミニズムについても同じように話題にしたり，変えて
いくことができるのではないでしょうか。

モヤモヤを語り合える場の大切さ

熊野：日本社会では政治や社会問題について話がしにくいとよく言わ
れますが，それに関連したコメントです。

　「〈わたし〉の『モヤモヤ』を話すということは，現代の日本社会で
は大変"勇気"のいることだと思う。ましてや，それを本にして社会
に発信するということは，格段の『覚悟』と強い『思い』がなくてはで
きないことだと推察する。しかし，それを見事に達成させたゼミ生の
みなさんは，『すごい人』『意識が高い人』という表面的なことではな
く，自らの個人的な経験に基づく『モヤモヤ』を『言葉』にすることと
ともに，その『言葉』が安心・安全に対話できる環境，つまりは『人
権』が守られた議論空間・関係性を紡いでいったということに大きな
意味があるのではないかと感じざるを得ないのである」。

沖田：本当にそのとおりだと思います。「ゼミで本を出すってすごい
ね」みたいに言われることがあると思うのですが，まったくそんなこ
とはない，ということがまずひとつです。そんなにハードルを上げて
「全然違う人たちだから……」と切り離してほしくないということも
あります。そしてもうひとつ，わたしがすごく共感したのが，議論の
空間や関係性があるからそういう対話ができたのだということです。
たとえば，この場では，人権は守るべきもの，という前提のもとで議
論をしていると思うのです。それが共有できていないと感じると，わ
たしは対話をはじめることすら難しいと感じてしまいます。

49

一方で，だからといって怯えてなにも言えなくなってしまうのは，もったいないとも思っています。たとえば，「人権を大事にしたい」という思いがあれば，それを気軽に発信してもいいのではないでしょうか。最近はSNSのインスタグラムでも，「表現の不自由展」や「平和の少女像」の解説や案内が載せられているわけですけれど，わたしはそれを自分のストーリー（24時間限定で写真や文章を投稿する機能）に載せて共有することがあります。別に「よし，わたしはこれを共有するぞ！」「わたしはこういう信念を持っているから，ちゃんとやるぞ！」みたいにガチガチに身構えなくても，発信をしてみることは，実はやろうと思ったらできることです。発信したことで，ほかの人から「わたし，これ，興味あったんだよね」というコメントがきたり，「行ってみようかな」と言ってくれる人がいたりと，対話できる人が意外とこんな近くにいたんだと気づくことがあります。

熊野：自分の場合はゼミでこういうテーマについて話ができるのがすごく大きなことで，このゼミには今まで経験してきた生きづらさがないと感じています。それは，ゼミがすごいという話ではなくて，本来はそうした空間が当たり前にあるべきだと思うのです。ないのであれば，それをつくろうとする運動が必要で，「ゼミだったら話せる……」と閉じこもってしまうのは，望ましいことではないですよね。

　大学1年生のときに，あるサークルに入っていたのですけれども，その環境は人権が守られた場とは言えませんでした。というのは，女性の容姿について男子がランキング付けするみたいなことがあって，いわゆるホモソーシャル，要は女性蔑視とか女性をネタにすることで男同士がワイワイするみたいな空気がありました。自分はすごく居心地が悪かったのですが，それに対して嫌だと言うと仲間外れにされるのではないかと思い，ちゃんと「だめだよ，それ」って言えなかった自分がいたのです。それは今でも反省していることです。そういう空間は，だれかを犠牲にしていると思います。

沖田：本当にそうですよね。

これからのアクションについて

熊野：次のコメントです。

「刊行記念シンポジウムのなかで、『この本を抵抗するための一つの道具として使ってほしい』というようなことを仰っていた。一度読んでみればわたしのように少し認識が変わるのではないだろうか、と思い、最近は誤魔化さず『意外に面白いよ』と伝えるようにしている。本当に些細な抵抗かもしれないが、この行動が少しでも社会を変えることに繋がったらいいと思う」。

こういう行動をしています、と書いてくださってうれしいです。

沖田：さっきからずっと行動する話しかしていなくて(笑)、「強者」の論理になっていないか不安ですけれども、この授業を受講していることもそうだし、真面目にレポートを書くこともそうだし、本を読むことだってそうだと思うのです。「学んでみよう」という行動がまず第一歩なので、これをまずしっかりやることがアクションとしてすばらしいことです。その前提のうえで、こういうふうに「意外とおもしろいよ」と伝えてみるとか、本当に小さなことでもなにか取り組むことが、社会を変えることに絶対につながっていると思います。

李：些細な行動で言えば、人権意識を持つことからはじまるのではないでしょうか。先ほど「人権が守られている場」という話がありましたが、わたしたちが人権意識を共有し、そういう場を少しずつでもつくっていくことが大切だと思います。

熊野：今回いただいたコメントのなかで、お母さんやお姉さんから勧められたり、Twitterで勧められたとかで、この授業の前にすでにモヤモヤ本を読んでいたという話がけっこうありました。些細なことに思えるかもしれませんが、本を勧めることの効果は本当にすごいですし、取り組みやすいアクションだと思います。

強烈な経験が必要なのか?

熊野:次のコメントですが,この方は当初「執筆者の方々はみんな,朝鮮との関わりがわたしよりも深いように感じ,韓国の友人や恋人もいなければ,K-POPファンでもない自分が語れることなどない,とどこか後ろめたく感じていた」そうです。モヤモヤ本では自分や牛木さんが在日朝鮮人や韓国人との交流のなかで差別に加担してしまい,当事者から指摘を受けた経験を書いたこともあって,このように感じられたのだと思います。しかし,刊行記念シンポジウムのなかで,李さんが「強烈な経験だけが自分を変えるのではない」,モヤモヤ本を読むなどの「間接的経験」も「自分自身を変えていくきっかけになる」と発言したことに「後押しされ,一層意欲が高まった」そうです。

李:みんなが強烈な経験をするわけではありませんが,だれでも多少は「報道を見てモヤモヤした」などの歴史問題に関わる経験があると思います。たとえばモヤモヤ本を読んで,わたしたちの経験を知ることで,「自分もこういうモヤモヤがあったな」というふうに気づくことができるのではないかと思うのです。

　一方で,「強烈な経験をしたことがないから」,「些細な問題であるから」と,スルーしてしまう人もいるかもしれませんが,小さなモヤモヤからでも問題の本質を考えて自分ごととしてとらえることが大切だというのが自分の発言の趣旨でした。

牛木:このコメントはすごく重要だとわたしも思っています。結局,朝鮮についていくら勉強をしても,「終わり」はないわけです。学べば学ぶほど自分自身の生き方や思想,あるいは日本社会のあり方を問い直さなければならないという意味でモヤモヤはどんどん増えて,向き合うものはどんどん増えてくるものだと思います。ですから,自分は特別な経験がないからと引け目を感じる必要はありません。逆によくあるパターンですけれども,「韓国文化を知っている」とか「韓国人の

友だちがいる」から，なんでもわかった気になってしまうことのほうがより危険ではないかなと思います。

　それから，わたしの場合，その韓国の友人に心理的負担を与えて，傷つけてしまった。その犠牲のうえに学ばせてもらったわけです。でも，本来，それが本当にいい形の学びなのかというと，そうではないはずです。被害の側にある人たちに負担を強いずに，わたしたちが自分たちで学び取っていかなければならないものだと思うので，今こうやって本を通してこれからどんどん自分のこととして能動的に勉強していこうと言ってくださるのはすごくありがたいですし，責任感があると思いました。

李：沖田さんの場合は，強烈な経験というよりは，授業を通じてこの問題に向き合うことになったのですよね。

沖田：そうですね。

熊野：どうしてもモヤモヤ本のなかでは強烈な経験が目立ってしまうのですけれども，そうではない人のほうが多いだろうと思います。この方が感じたような「後ろめたさ」に関しては自分も共感したところがありました。自分の場合は，歴史問題と向き合うきっかけになった日本軍「慰安婦」問題のスタディツアーに参加したときは，日本軍「慰安婦」問題についてまったくわかっていなくて，まわりにいた参加者は朝鮮との関わりが深く，日本軍「慰安婦」問題について知識も問題意識もすごくある，と感じていました。だから，「あの人たち，あんなに熱心に運動したり問題意識を持っている」，「自分はそこまでの当事者意識を持てない」と感じていて，そういう自分に対して嫌な気持ちになっていたし，後ろめたい気持ちがありました。そのときは，自分のなかから湧き上がってくる問題意識があまりなくて，だれかがやっていることを「すごいな。自分も勉強しなきゃな」みたいに思っていたわけです。でもその後，勉強しはじめてから「これは本当に問題なんだ」と感じるようになり，自分のなかから問題意識が湧いてきた経験があるので，「一層意欲が高まった」というコメントはすごくうれ

53

しいです。このまま学びを続けていくなかで少しずつ問題意識が明確になっていくのではないかと思います。

天皇制をどう考えるか

熊野：コメントの一部には，モヤモヤ本が天皇制を批判していたことに違和感を表明しているものもありました。「戦前の日本と戦後日本は違って，今，日本は平和で，軍国主義とは無縁である」と思う人も多いのでしょうが，そもそも日本の加害や侵略のシステムの根幹に天皇制があって，それが現在も続いていることの問題性をまず考えなければいけないと思います。加えて，モヤモヤ本にも書きましたが，「戦後日本は平和主義だ」という認識も，実際日本が朝鮮戦争やベトナム戦争などに加担した歴史や，そもそも日本が米国と軍事同盟を結んでいて，近年でも日本の軍事予算が膨らみ続けていることを考えると，軍国主義と無縁というのは楽観的な見方ではないでしょうか。

　ほかのコメントで指摘してくださったことでもあるのですが，天皇制の歴史を学ぶと日本の加害と侵略が切り離せない問題であるとわかります。ドイツだったら，ナチスの旗や象徴，ヒトラーは当然批判されるべきものとなっています。国際的には昭和天皇がやったことはヒトラーと並ぶ問題としてとらえられていますが，日本社会ではそのような認識が欠如しています。侵略や加害の歴史の象徴である天皇や天皇制，また「日の丸・君が代」や元号が，日本に今も残り，「当たり前」とされていることはアジアをはじめとした世界の人びとから見たらどういうふうに映るのか考えてみる必要があります（植民地期朝鮮における「日の丸」の強制に関しては加藤 2021）。

　それから根本的な問題として民主主義や平和主義と，天皇制が相入れるものか，まず考えてほしいと思いました。天皇制が人間に身分をつけている時点で身分差別なのですが，たとえば，天皇制に対する反対の声をあげたりデモをしたら，「反日」だと糾弾されたり，抑圧され

たりするわけです。これは天皇制が民主主義とはまったく相入れないということを示していると思います。

日本人の責任について

牛木：モヤモヤ本のなかで日本人としての責任を論じたことに関して，「日本人」は国民国家の産物であり，構築されたものであるにもかかわらず，いつまでも「日本人」という立場から責任を問われなければならないのか，と違和感を表明したコメントもありました。わたしたちは，「日本人だからこうなんだ」というような本質主義的なとらえ方はしていません。では，なぜ日本人としての責任が存在するのかというときに，事実として今，日本で投票する権利を持っている，強制労働の責任を問われている企業の商品を買っている，日本の子どもたちを教育する立場にある，といったように，日本社会のあり方に対する決定権を持っているわけです。その事実が日本社会の持つ植民地主義や差別を解体していく責任を問われる根拠です。ですから，植民地支配や朝鮮分断の歴史，現在まで続く差別に対して日本人固有の責任が存在すると認めることは，自民族中心主義・国粋主義といったナショナリズムとはまったく異なることです。

沖田：日本社会にある差別の問題などについてなにも考えずに生きてこられた人は，なにかを変えていくことができる立場でもあると思います。「よくない」と感じる構造のなかで自分自身が強い立場にあったり，その構造に加担しているのだったら，そうではないあり方を探し，みんなが生きやすい社会に変えていくことは，責任というか，そのような道を選んでいくことが大切なのではないでしょうか。

朝倉：その点では，他者への「想像力」がすごく大事になってくると感じています。わたしは日本人として日本社会に生きてきて，たとえば韓国人として生きてきた人とか，在日朝鮮人として生きてきた人たちが感じていることや置かれている状況は完全にはわからないじゃな

55

いですか。でも，その人たちのことをわかりたいと思っているし，その人たちが今の日本社会で差別を受けていたり，不平等な体制のなかに置かれていることを見て，平等な社会をつくっていきたいと思うのです。強者の立場にいるからこそ，不平等な社会構造を壊していかなきゃいけないなと感じます。

歴史の解釈はさまざま?

熊野：「歴史的事実はひとつでも解釈はさまざまであり，統一的なものは打ち出せないのでは?」というコメントがありました。「さまざまな解釈」という際に，ふたつの次元に分けて考えることができます。ひとつは歴史学界において学問的な手続きを経てなされる議論や解釈です。学界では論争がありますし，複数の解釈が示されることがあります。ただし，長年の議論のなかで，たとえば植民地支配の実態とか日本軍「慰安婦」制度については，一定の見解が形成されてきています。研究者によって重点の置き方に多少の違いがあるとしても，認識は共有されてきています。本書は，歴史学界で吟味されてきた見解に依拠して書いているわけです。もうひとつは，非学問的な見方 (歴史否定論。第2章「『なにが本当のことかわからない』のはどうしてなの?」参照) で，たとえばネット上ではさまざまな意見があふれていますが，多くは歴史を明らかにするためではなく，政治的な意図によって不都合と考える歴史を抹消したり歪曲したりしようとするものなのです。よく言われる「『慰安婦』は自発的だった」などという主張には学問的根拠はありません。つまり，学問的な見解と，それ以外の見方を同一の次元に置くことはできないのです。

李：これは「歴史はサイドが分かれる問題ではない」という先ほどのコメントと絡んでいるように思いますが，学問的に明らかにされた歴史的事実を前提にする必要があります。

熊野：よくある意見として，対立する見解をふまえて対比して考えて

いくことが大事だ，というものがあります。大学で勉強していると，さまざまな角度から問題を見ていくことが大事だと言われることもあるでしょう。たしかにそのとおりで，歴史学のなかでおこなわれている論争をとりあげ，多角的に物事を考えることは重要です。ただし，先にも述べましたが，学問的な見解とそれ以外の見方を比べるのは危険なのです。

　関連する問題としてひとつ言っておきたいのですが，日本による加害の事実やその責任の所在については歴史学的に揺るぎないものであることは前提としつつ，一方で当時の日本軍や日本政府が史料を焼却し証拠隠滅を図ったために，現状では解明できないこともあるわけです。たとえば，ある事件の被害者数はおよその規模は明らかにできるとしても，正確な数を確定できない場合もあります。正確な数がわからないからと歴史を否定したがる人もいますが，加害の事実はあるわけで，証拠隠滅の問題を視野に入れる必要があります。

沖田：史料を捨てたこともそうだと思いますが，残された史料には日本の官憲側のものが多いという点にも気をつけたほうがいいのではないでしょうか。加害の事実などを矮小化するというか，たいしたことがなかったように見せるなど，史料の段階から捏造をしていることもあります（たとえば，中塚 1997 参照）。そうした点も，頭に入れておくほうがいいのかなと思いました。

熊野：とても大事ですね。それはまさに史料批判と言われることですが，歴史学の研究をしていくうえで，だれがどんな目的でつくった史料なのかを念頭において検討することが重要です。ネット上の文章や歴史否定の本には，日本側の行為を肯定的に記述した史料などが史料批判といった学問的手続きを無視して恣意的に引用されていて，それを根拠に日本の加害を否定する主張がなされることがあります。それが「学問的」な装いをしていることもあって，そのまま受け取ってしまいかねないのですが，どのような史料か気をつける必要があります。

57

第2章

「日韓」のモヤモヤと
わたしたちの社会

第2章では日本社会において、なぜ植民地支配の責任と向き合うことが難しいのか、その背景を考えていきます。日韓両国における加害の歴史を否定しようとする動きや、政治や社会について語りにくい日本社会の問題点について掘り下げます。

「なにが本当のことかわからない」のは どうしてなの？

熊野功英

　ニュースではしばしば日韓関係について報道されていますが，インターネット上では相反する意見などもあり，「なにが本当のことかわからない」というモヤモヤを抱えたこともあるのではないでしょうか？　こうした背景には日本の歴史教育の問題とそれに密接に結びついた歴史修正主義の影響があります。

　そもそも歴史修正主義とは植民地支配や侵略をした日本の加害の歴史を否定・歪曲し，正当化する考えや運動のことを指します。ここで注意が必要なのは，本来新史料の発見や実証研究の進展により，既存の歴史像が「修正」されていくこと自体は問題がないということです。そこでここからは歴史修正主義について，その実態を正確に表すためにも歴史否定論という用語を使うことにします。

　この歴史否定論が日本社会で大きくひろがったのは1990年代後半からだと言われています。2000年代にはインターネットの普及と相まって，韓国人や在日朝鮮人に攻撃的な「嫌韓流」と言われる言説がひろまりました。しかし同時に「韓流ブーム」も真っ盛りでした。なぜこのような一見相反するような状況が生じたのでしょうか？　こうした状況は今も続いていますが，いったいなぜ日本では韓国文化が流行する一方，歴史否定論や民族差別が続いているのでしょうか？

戦後の日韓関係の歴史

　日本社会に生きるわたしたちが置かれている状況の背景を探るため，まずは戦後の日韓関係史を簡単に振り返ります。1945年の敗戦後

の日本では，実質的なアメリカの単独占領下で，アメリカの思惑が優先される状況にありました。アメリカは，占領政策を効率的に進めるために天皇制を利用し，その過程で昭和天皇の戦争責任は免責されました。1951年にはサンフランシスコ講和条約（1952年発効）が結ばれます。しかし同条約では日本に対する戦争責任の追及がなく，日本にとって「寛大な講和」と言えるものでした（吉田 1997）。また，同条約では参加国のほとんどが賠償を放棄し，個別に賠償協定が結ばれた場合もその実態は経済協力でした。しかも中国，台湾，南北朝鮮は，講和会議に招かれませんでした。こうした日本の戦後処理の背景には，冷戦のもとで米ソ対立が激しさを増したためアメリカが日本の経済復興を重視するようになっていた状況がありました。このようななかで日本は敗戦国にもかかわらず経済復興・経済成長に専念できるようになったのです（吉田 2012）。それは朝鮮戦争による「特需」にも現れているように，朝鮮の犠牲を土台にした経済発展でした。

　1965年になると日本と韓国は日韓基本条約や日韓請求権協定を締結し，今に続く戦後日韓関係を規定する「65年体制」が整えられました。この「65年体制」とは，米ソ冷戦のなかで，アメリカを頂点とする日米韓の疑似的な同盟体制（日米軍事同盟と韓米軍事同盟）を基礎に，ソ連，中国，朝鮮民主主義人民共和国（以下，共和国）を敵対視しつつ，同盟体制の維持・安定のために歴史問題に蓋をする体制のことです（権赫泰 2016）。日本政府が現在も日韓の歴史問題について「解決済みである」と主張する際に引き合いに出される日韓請求権協定（1965年）では，両国間の請求権について「完全かつ最終的に解決された」とされましたが，日本の植民地支配責任は不問に付されました。日韓請求権協定における請求権とはあくまで未払い賃金などの債務に関するもので，植民地支配政策による人権侵害に対する請求権は想定されていなかったのです。そのため，日本の法的責任や賠償問題は解決しませんでした（韓国への経済協力も賠償金ではなく，日本政府自身も賠償金だと説明したことはない）。また，この日韓請求権協定はその名のと

おり日韓二国間によるもので，朝鮮分断を追認するものでもありました（吉澤 2015）。このように日本は共和国を排除したうえで，日本の朝鮮植民地支配を問い直さない日韓関係を構築していったのです。

戦後日本の歴史教育問題

戦後日本において歴史否定の動きは，教科書をひとつの舞台として繰りひろげられていくことになります。1946年の日本国憲法制定に続いて1947年には教育基本法が制定されました。同法では平和な社会を実現する根本に教育の力を据え，子どもの学習権を基礎に国家権力による教育内容に対する「不当な支配」を禁ずることを明確にしました。

しかし，平和や民主主義を希求した戦後直後の教育改革も束の間，1953年から教育の「逆コース」と呼ばれる反動化がはじまります。日本政府は，日本を「反共の防波堤」と位置づけるアメリカとのあいだで，再軍備のために「教育および広報によって日本に愛国心と自衛のための自発的精神が成長するような空気を助長すること」を約束したのです（池田・ロバートソン会談）。そして，1955年には社会科教科書の内容が偏っているなどとする，第一次教科書「偏向」攻撃が開始されました。以後教科書検定の強化や，軍国主義を培ったとして廃止されていた道徳教育（戦前は「修身」）の実施，学習指導要領を通じた政府の教育統制強化などがなされていきました（俵 2020）。

こうした動きに対し，教科書検定制度は国家による教育への介入であるとして，歴史教科書の執筆者である家永三郎東京教育大学教授（当時）が「教科書検定違憲訴訟（家永教科書裁判第一次訴訟）」を1965年に起こします。1967年には教科書検定での不合格処分取り消しを求める「家永教科書裁判第二次訴訟」が提訴され，1970年には国家権力が教育内容に介入してはならないという意味での「教育の自由」を認めた「杉本判決」が出されました（大串 2016）。教員や市民，保護者，出版・教科書労働者などの運動も活発化し，南京大虐殺の記述が復活するなど教科書の内容も改善していきました。

figure 3　家永教科書裁判に関する資料

提供：小島辰仁

しかし，日米軍事同盟強化や1966年「建国記念の日」制定，1968年「明治100年記念式典」，1970年代の元号法制化運動の活発化などの動きのなかで，1979年からは自民党や右翼勢力による第二次教科書「偏向」攻撃がはじまります。市民による反対運動も起きましたが，結局検定が強化され日本の侵略・加害を歪曲する記述に変えられました。しかし，1982年夏にこうした教科書検定が国際問題化します。「侵略」の書き替えは歴史の改ざんだとして，アジア諸国で激しい抗議運動が起きたのです。そして同年11月に「近隣のアジア諸国との間の近現代の歴史的事象の扱いに国際理解と国際協調の見地から必要な配慮」をする「近隣諸国条項」を定め，日本の侵略戦争に関する記述を検定で歪曲しないと国内外に約束したのです。

63

　1984年には教科書検定の精神的苦痛に対する国家賠償を求めた「家永教科書裁判第三次訴訟」がはじまりました。ここでは日本のアジア侵略・植民地支配が大きな論点となり，裁判を契機に実証研究も進展していきました。しかし，1989年には日本帝国主義の象徴である「日の丸」や天皇礼賛歌である「君が代」の強制，競争教育の導入などの問題点を含んだ学習指導要領の改悪や検定制度の改悪が進みました。それでも1997年には違法な検定があったことを認めた第3次訴訟の最高裁判決が出され，30年以上にわたる家永教科書裁判は終結を迎えました。しかし，今にいたるまで違法な検定を是正する制度改正はおこなわれていません（俵 2020）。

　以上は，「教育の自由」をめぐる攻防でしたが，在日朝鮮人の民族教育権が日本政府・社会による朝鮮学校（在日朝鮮人の民族学校）への弾圧・差別により戦後一貫して否定されてきたことも忘れてはなりませ

ん(第3章「在日朝鮮人と日本人のわたし」参照)。

歴史否定論の台頭

戦後日本は韓国とのあいだでは「65年体制」のもと歴史問題を封じ込めつつ，日本国内においても教科書検定の強化などを通じて，日本の加害の歴史について教育することを抑圧してきました。しかし，1990年代に入ると冷戦の終結とアジア諸国の民主化にともなって，アジアの戦争被害者が日本を告発するようになります(吉田 2012)。その先駆けとなったのが，1991年8月14日に日本軍「慰安婦」被害者として実名で公に名乗り出た金学順さんによる告発でした。これを機にアジア各地の日本軍「慰安婦」被害者が証言をしはじめ，日本軍「慰安婦」問題(日本軍性奴隷制問題)が国際問題化していきました。

こうした動きに対して1993年には河野洋平内閣官房長官(当時)が「河野談話」を発表し，「日本軍の関与」を認めるとともに「お詫びと反省の気持ち」を表明しました。そこでは歴史研究や歴史教育を通じて日本軍「慰安婦」問題を記憶する決意も示されました。1995年には村山富市首相(当時)による「村山談話」も出され，「植民地支配と侵略によって，多くの国々，とりわけアジアの諸国の人々に対して多大の損害と苦痛を与え」たことが認められました。しかし，これらの談話では日本国家の法的責任や賠償を認めていないという点で限界がありました。このように「65年体制」で抑え込んできた歴史問題の噴出に対して，日本は「お詫び」をしつつも，法的責任や賠償は認めないという方針をとるようになったのです。こうした方針のもとに築かれた日韓の関係は「95年体制」とも呼ばれていますが，本質的には「65年体制」を延命するものでした(権赫泰 2016)。

他方で，1990年代には日本軍「慰安婦」制度についての研究も進展し，「河野談話」をもとに1997年から使用される中学校歴史教科書に「慰安婦」記述が登場したのです。しかし，これに対し日本軍「慰安婦」や南京大虐殺について教えることは「自虐史観」であるなどとし

て，教科書への攻撃がはじまります（俵 2020）。そして1997年1月に藤岡信勝東京大学教授らが「新しい歴史教科書をつくる会」（以下，つくる会）を設立し，同年2月には安倍晋三衆議院議員（当時）を事務局長に置いた「日本の前途と歴史教科書を考える若手議員の会」，5月には日本最大の保守団体「日本会議」などの団体が次々と発足し，歴史否定の運動を展開していきます（俵 2020）。また，1999年には国旗・国歌法の制定によって，「日の丸・君が代」が法制化され，日本の右傾化はいっそう強まりました。

1990年代の歴史否定論の台頭はサブカルチャーによっても支えられていました。たとえば，「新しい歴史教科書をつくる会」のメンバーでもあった小林よしのりの漫画『ゴーマニズム宣言』シリーズは「小林よしのり現象」とも言えるほど大きな影響力を持ちました（岩崎・リヒター 2005）。さらに1990年代後半からはインターネット上でも右派的な言説がひろがりはじめていました（伊藤 2021）。

「韓流」と「嫌韓」の時代

2000年頃には日韓のあいだで大きな潮流の変化がありました。1998年の小渕恵三首相（当時）と金大中大統領（当時）による「日韓パートナーシップ宣言」，2002年日韓ワールドカップ，そして2003年頃からのドラマ「冬のソナタ（冬ソナ）」により，「韓流ブーム」が起きたのです（加藤 2023）。「韓流の時代」の幕開けでした。

しかし，「韓流」のひろまった2000年代は同時に「嫌韓流の時代」でもありました。「2ちゃんねる」をはじめとしてインターネット上で歴史否定論が拡散され，2005年には「2ちゃんねる」出身の漫画家山野車輪による『マンガ嫌韓流』が出版されました（伊藤 2019）。以降今にいたるまで「嫌韓本」の出版やブログ，SNS，YouTubeなどを通し，歴史否定論の拡散は続いています。

2000年代は政治的にも歴史否定や民族差別が相次ぎました。まず2000年に石原慎太郎東京都知事（当時）が「三国人」（敗戦後から1950年

代にかけて使われた朝鮮人・台湾人を指す差別語）が災害の際に騒ぎを起こす可能性があるため，自衛隊による治安維持が必要だとする発言をしました。2001年には日本軍「慰安婦」制度が性奴隷制であることや昭和天皇の有罪，日本政府の国家責任などを認定した2000年女性国際戦犯法廷を扱ったNHKの番組制作に，安倍晋三衆議院議員（当時）らが介入し，内容を改ざんさせる事件が起きました（「戦争と女性への暴力」日本ネットワーク 2010）。さらに小泉 純一郎首相（当時）は2001年，日本軍国主義の象徴でありA級戦犯を祀る靖国神社を参拝し，閣僚や自民党の有力政治家も日本の戦争責任を否定する発言を相次いでおこないました（吉田 2012）。ほかにも，小泉首相の日朝国交正常化に向けた訪朝を機に「拉致問題」が焦点化され，メディアによって共和国への敵対感情がつくりだされました（岩崎・リヒター 2005）。

　歴史教育の場でも歴史否定論の影響はさらに大きくなりました。「つくる会」は，ほかの歴史否定団体や自民党系の地方議員と結託しながら教科書を作成し，採択させる運動を展開しました。その教科書は「皇国史観」に基づき，日本のアジア侵略・植民地支配の歴史を正当化するものだったため，市民の激しい反対運動が起きました（俵 2020）。「つくる会」の教科書は2001年度の教科書検定を通過するもほとんど採用されませんでした。しかし，「つくる会」の運動に萎縮した多くの教科書会社が「慰安婦」問題の記述を避けたり，日本軍「慰安婦」を記述した教科書の採択が多くの自治体から見送られたりするなどの事態も起きました（斉加・毎日放送映像取材班 2019）。

　2006年からの第一次安倍政権下でも歴史否定論は維持・強化されていきます。まずあげられるのが教育基本法改悪です。改悪された教育基本法では教育は個人のためではなく国家のためにあるという考えから愛国心の養成が規定される一方，国家・行政の教育への介入禁止を規定した文言が削除されるなどしました（俵 2020）。

　日本軍「慰安婦」問題についても，2006年には中学校歴史教科書から「慰安婦」の記述が消えました。また安倍首相が「慰安婦」に対する

強制性を否定する発言をしたり，右派知識人が米『ワシントン・ポスト』紙に日本軍「慰安婦」問題に関する歴史否定論の意見広告を出す事態も起きました。これに対し，アメリカ下院議会は，被害者に対する謝罪を日本政府に求める勧告をおこないました（山口ほか 2016）。

　第一次安倍政権下では在日朝鮮人や共和国に対する攻撃も拡大しました。共和国に対する経済制裁や，在日本朝鮮人総聯合会（以下，総連）や朝鮮学校への警察による強制捜査などもなされるようになったのです（金誠明 2018）。また2006年には差別団体である「在特会（在日特権を許さない市民の会）」が発足しました（山口ほか 2016）。同団体は京都朝鮮第一初級学校を襲撃する事件を起こすなど，在日朝鮮人へのヘイトスピーチ・ヘイトクライムを主導しています。

　2000年代は「冬ソナ」や「東方神起」（2003年デビュー）などによる「第一次韓流ブーム」，そして「BIGBANG」（2006年デビュー），「少女時代」（2007年デビュー），「KARA」（2007年デビュー）などによる「第二次韓流ブーム」が起きた時代でした。しかし同時に，「嫌韓流」に代表される歴史否定論が一気に拡大した時代でもありました。その過程では共和国へのバッシングや在日朝鮮人へのヘイトが横行しました。

　こうした状況を考えると「韓流」と「嫌韓」を対立的にとらえる見方や「韓国文化や日韓交流によって嫌韓を乗り越えられる」といった認識は誤りだということがわかります。たしかに「韓流」以前と比べると，日本社会で韓国への関心が高まり，文化への理解が進んだ面はあるでしょう。その一部には，民間レベルでの日韓歴史共同研究や日韓歴史共通教材など日本の加害の歴史に向き合う動きもありました。しかし，全体として「韓流」は歴史否定論や民族差別に反対する動きにはなりませんでした（加藤 2023）。その背景には「韓流」ファンには「歴史と文化は別」という認識があり，歴史から目をそらす「文化の消費」という態度がありました。こうした「韓流」による表面的な「日韓友好」は歴史問題を隠蔽し，共和国に対する敵視も支えたことを考えると，その構図は「65年体制」そのものだったとも言えるでしょう。

67

さらにこの流れのなかで，日本の知識人のあいだでも，韓国の日本文学者である朴裕河の著書『和解のために――教科書・慰安婦・靖国・独島』(平凡社，2006年) などの影響により，加害と被害の関係を相対化し，日本の法的責任や賠償を追求しないまま「和解」を目指そうとする「和解論」がひろがっていきました (「和解論」に対する詳しい批判は，徐京植 2010)。朴裕河の著作はその後も日本の知識人にひろく受容され，『帝国の慰安婦――植民地支配と記憶の闘い』(朝日新聞出版，2014年) は，日本軍「慰安婦」被害者の証言を恣意的に利用し，被害の実態を歪曲するものであったにもかかわらず，アジア・太平洋文化賞などを受賞しました (詳しくは鄭栄桓 2016)。

2010年代の歴史否定論と「第3次韓流ブーム」

2010年代においても歴史否定論は継続して拡大し，第二次安倍政権下では特にその影響力が強まり，朝鮮人差別も深刻化しました。2012年に第二次安倍政権が発足すると，民主党政権時に実施された「高校無償化」制度において，外国人学校のなかで唯一適用されていなかった朝鮮学校に対し，あらためて対象から除外することを明確にしました。こうしたなか，地方自治体による朝鮮学校への補助金の打ち切りなども相次ぎました (金誠明 2018)。また2019年に開始された「幼保無償化」制度においても朝鮮学校は排除されています。

さらに新検定基準をつくり，教科書への政府見解の明記を求めるなどの，事実上の「国定教科書化」を進めていきました (俵 2020)。

第二次安倍政権期に特徴的だったのは，日本政府と右派勢力により官民一体で歴史否定論が海外にひろがったことです。特にアメリカにおける「平和の少女像」(以下，「少女像」) 設置の動きに反対する運動が展開され，日本の右派のあいだでは日本軍「慰安婦」問題の主戦場はアメリカだという認識がひろまりました。2014年頃からは外務省も「歴史戦」に加わり，米主要紙の「慰安婦」問題に関する記事を批判するメールを送ったりしたことが判明しています。また2015年1月に

は，日本政府がアメリカの教科書会社に「慰安婦」記述を変えるよう要求した事実も発覚しました（山口ほか 2016）。

日本軍「慰安婦」問題や「徴用工」をめぐる歴史問題もあらためて注目されることになりました。まず，2015年の「戦後70年談話（安倍談話）」では，日本の朝鮮植民地支配につながった日露戦争を肯定し，日本軍

figure 4　杉田永脈議員が撤去要求をした米ロサンゼルスの「平和の少女像」

撮影：熊野功英

「慰安婦」問題についての明確な言及は避けつつ，謝罪を否定する姿勢を示しました。そして同年末の日韓「合意」において，政府間だけで日本軍「慰安婦」問題を「最終的かつ不可逆的に解決」したとし，日本政府への批判の声を封じ込めようとしました。日本政府は韓国の財団に10億円を供出することになりましたが，それは賠償ではないとして日本の法的責任も認めませんでした。また，被害者や支援団体によく知らされないまま「少女像」の撤去・移転の要求がなされました。総じて，日韓「合意」締結の過程では被害者の意思は無視されており，国連の女性差別撤廃委員会からも「被害者中心アプローチ」が欠如しているという批判がなされています（詳しくは，中野ほか 2017）。

2018年には韓国の大法院（日本の最高裁判所にあたる）が日本の朝鮮植民地支配は不法だという認識のもと，「徴用工」被害者の慰謝料請求権は1965年の日韓請求権協定で「解決された」とする請求権の対象外であるとして，被告の日本企業に慰謝料支払いを命じました。これは日韓請求権協定で不問にされた植民地支配責任を問うものであり「65年体制」を克服しようとする動きとして重要でした。しかし日本政府は「解決済み」という姿勢を崩さず，韓国を「国際法違反」だと糾弾しました。そして韓国に対する輸出規制措置までおこない，被害者と日本の民間企業間の問題を国家間の外交問題にまで発展させました（『ハ

69

ンギョレ』2023年３月11日付）。こうして「戦後最悪の日韓関係」と言われるほどの状況が日本によってつくりだされたのです。

　他方，2010年代は現在も人気を誇る「BTS」（2013年デビュー）や「TWICE」（2015年デビュー），「BLACKPINK」（2016年デビュー）などによる「第３次韓流ブーム」が起きた時代でした。しかし，そのなかでも日本の朝鮮植民地支配政策による被害者や在日朝鮮人の人権や自決権は否定され続けていたのです。

歴史否定論とわたしたち

　2020年に入り新型コロナウィルス感染症が拡大するなかで，「愛の不時着」や「梨泰院クラス」などの韓国ドラマに触れる人びとが増え，その後も新世代の K-POP グループが次々と誕生するなど，現在にいたる「第４次韓流ブーム」が起きました。しかし，歴史否定論は国内外で影響を持ち続けています。

　たとえば，2020年末には米・ハーバード大学ロースクール教授のジョン・マーク・ラムザイヤーによる日本軍「慰安婦」問題に関する歴史否定論文が公開され，『産経新聞』の報道によりこの論文の主張が日本の「ネット右翼」のあいだでひろがる事態が起きました。

　歴史教科書問題に関しても，日本政府は2021年に，日本軍「慰安婦」問題の教科書記述について，日本軍の責任を隠蔽するねらいで「従軍慰安婦」の「従軍」を外した「慰安婦」という用語を使用するべきという閣議決定をし，教育に対する政治介入をおこないました（Fight for Justice 2021年７月８日）。また日本政府はドイツ・ベルリン市ミッテ区における「少女像」設置に圧力をかけ，最近ではドイツ中部の大学のキャンパスに設置された「少女像」が日本政府の圧力により2023年３月に撤去されました（『聯合ニュース』2023年３月10日付）。

　日韓関係をめぐっても新しい動きが起きています。2023年３月に韓国の尹錫悦政府が「徴用工」問題について，韓国政府が賠償を肩代わりするという「解決策」を発表したのです。これは2015年の日本軍「慰

安婦」問題についての日韓「合意」と同じく，日韓がアメリカとの軍事同盟のもと協力して共和国に対抗していくために日韓関係を「修復」し，歴史問題を人権問題としてではなく債務の問題として「解決」しようとするものでした（『ハンギョレ』2023年3月11日付）。しかし，日本の植民地支配責任を不問にする「65年体制」が続く以上，その克服を目指さない「日韓関係の改善」とは被害者の尊厳の回復を否定し，共和国や在日朝鮮人への敵視・差別を維持させるものになります。

　実際に日本は現在も共和国とのあいだで国交を結んでいないうえ，植民地支配についての責任を一切果たしていません。それどころか経済制裁という敵視政策を続けています。また日本国内でも2021年8月に在日朝鮮人集住地区である京都・ウトロで放火事件が起こるなど，ヘイトクライムが頻発しています。さらに休戦状態が続いている朝鮮戦争についても，日本は終結宣言の非当事者であるにもかかわらず，2018年には安倍首相が，2021年には岸田文雄首相が朝鮮戦争の終結に反対の立場を主張しました（『ハンギョレ』2020年6月23日付，REUTERSウェブサイト「朝鮮戦争の終戦宣言に難色」2021年11月7日付）。

　以上で見てきたように韓国文化の流行や民間交流の大部分は決して歴史否定論や民族差別への対抗にはなっていないのです。むしろ「韓国文化が好きだ」という意識が「嫌韓」を他人ごととしてしまい，植民地支配責任を不問にしつつ共和国を敵視する「65年体制」という日韓両国の共犯関係を支えていた側面があったと言えます。そしてこうしたなかで，日本の加害の歴史は忘却され，ついに「なにが本当のことかわからない」というモヤモヤが生まれるほどまでになったのです。このように考えると，歴史否定論や民族差別が続く一方，韓国文化が流行するという一見相反するような状況が生まれる理由は，植民地支配責任に対する認識が欠落していることによると言えるでしょう。「韓流の時代」に生きるわたしたちこそが歴史否定論や民族差別を支えてきたということを省みつつ，日本の植民地支配責任を問い続けていく必要があるのではないでしょうか？

歴史否定と「有害な男性性」

熊野功英

　「日韓」のモヤモヤを経験した人たちからは，父親や夫が「嫌韓」だ
という声をよく聞きます。もちろん「嫌韓」や歴史否定論は男性に限
らず，さまざまな人びとに支えられていますが，こうした声からは歴
史否定論と「男性性」の関わりが強いことが考えられます。歴史否定
論と「男性性」にはいったいどのような関係があるのでしょうか？

歴史否定論と「歴史ディベート」

　前節で見てきたように，歴史否定論は，1997年頃より一気に台頭し
たのですが，社会学者の倉橋耕平は，歴史否定論の潮流のひとつに
「歴史ディベート」（「歴史」をテーマにした「ディベート」）があることを
指摘しています。この「歴史ディベート」を提唱した人物は，「新しい
歴史教科書をつくる会」（以下，「つくる会」）の中心人物である教育学
者の藤岡信勝でした。その背景には1995年前後に「ディベート」が社
会的な「知」のあり方として流行していたことがあげられます。たと
えば，ビジネス書・自己啓発書の分野では「説得力」や「論理力」が求
められるようになり，教育学の分野でも「ディベート」という手法が
注目されるようになっていました。
　「歴史ディベート」は歴史否定論の思考方法そのものでした。つま
り，「ディベート」という二項対立的なコミュニケーション方式をとる
ことで，アカデミアでは議論の対象にもならない非科学的で事実に反
する歴史否定論の言説をあたかも学術的根拠に基づいた学説と同等の
レベルであるかのように対置するのです。そこで求められるのは実証

性ではなく,「説得力」でした。

こうした「歴史ディベート」の思考方式は「嫌韓本」などにも反映されていますが,「ディベート」の相手は非理性的な「他者」として描かれます。読者はそうした「ディベート」を「第三者」としてジャッジする立場に置かれるのです。また,「歴史ディベート」では,相手を「論破」することが目的とされるようになりました。

「歴史ディベート」の普及を担ったのも歴史否定論者たちでした。「ディベート」本の代表的著者としては松本道弘や北岡俊明がいますが,かれらは「つくる」会の活動に関わっていました。そして,重要なのはかれらが「男性性」を称揚していたことです。「ディベート」を「武道」「武士道」「格闘技」ととらえ,「歴史ディベート」は日本を守るための武器であると主張しました。ほかにも,北岡俊明は「文民出身の金泳三〔韓国の元大統領〕は未来志向などと言ったくせにすぐに過去を持ち出す女々しい人物である。思考と行動が女性的である。歴史認識問題や従軍慰安婦問題や竹島問題などでは女性的で感情的な起伏の激しい行動をとった」「私がディベートを好きなのは男の闘争本能をかきたててくれるからである」などと著書で述べており,ミソジニー(女性蔑視)に基づいた「男性性」を称揚しています(北岡俊明『韓国とディベートする──韓国を徹底的に論破する』総合法令出版,1996年)。

こうした「男性性」の称揚の背景には,1990年代に男性学が提唱されるなど,「男性性」の問題が問い直された時期だったことと関連していると言われています。そしてその反動として,2000年代にジェンダー・バックラッシュが起きるのです(倉橋 2018)。

歴史否定論とジェンダー・バックラッシュ

文化人類学者の山口智美によると,2000年前後に「ネット右翼」による「男女共同参画」「ジェンダーフリー」「性教育」「フェミニズム」「同性愛・両性愛」などに対するバッシングが活発化しました。日本会議や統一教会系の宗教保守勢力が中心となって,地域においてバッ

73

シングを展開し、右派系メディアなどもフェミニズム批判記事を掲載しました。そしてこうした情報が引用・参照されながら、ブログや「２ちゃんねる」などのネット掲示板、2000年代半ば以降は「mixi」などのSNSでバッシングが拡大していったのです。

ジェンダー・バックラッシュの背景には、「つくる会」がつくった教科書の採択運動が失敗するなか、1999年には男女共同参画基本法が制定されたり、2000年に女性国際戦犯法廷が開催されたりしたことがありました。2002年から2005年頃は男女共同参画へのバックラッシュの最盛期となり、山谷えり子らによる国会質問にまで波及しました。

「ネット右翼」によるジェンダーやセクシュアリティに関する攻撃はその後も、セクシュアルマイノリティや性暴力被害者に対して差別発言を繰り返す杉田水脈議員をアイコンとして続いています。杉田議員は日本軍「慰安婦」問題に関する歴史否定発言、在日朝鮮人やアイヌなどの民族的マイノリティ、生活保護受給者などに対する差別やバッシングも展開しています（山口 2019）。なお、社会学者の樋口直人は、こうした「ネット右翼」のサブカルチャー的基盤にはミリオタや武道などがあると指摘しており、「男性的」な文化との関係があることがうかがえます（樋口 2019）。このように歴史否定論とジェンダー・バックラッシュは連動していました。したがって、歴史否定論にはミソジニーや「有害な男性性」が内包されていると言えるのです。

「謝罪するマスキュリニティ」

以下では「有害な男性性」の対極にあるマスキュリニティ（男性性）のあり方として、米山リサの議論に依りながら、「謝罪するマスキュリニティ」について見ていきたいと思います（米山 2005）。

まず注目したいのが1993年に「河野談話」を発表した河野洋平のジェンダー観です。「河野談話」は日本軍「慰安婦」制度における主体としての日本軍の責任を曖昧にしていたり、法的な責任を認めていない点などで限界がある一方、この問題を「多数の女性の名誉と尊厳を深

く傷つけた問題」とし，「歴史の教訓として直視」することを明言しました。そして，河野洋平個人は内閣官房長官の立場を退いたあとも，談話で表明した歴史認識やジェンダー観を持ち続けていたのです。

実際に，日本軍「慰安婦」制度を「この程度のこと」と評し，戦争時に兵士に性を提供する女性を当然の存在とした「日本の前途と歴史教育を考える若手議員の会」の副幹事長の小林興起に対し，河野洋平は「この程度のことと言うけれども，この程度のことに出くわした女性一人一人の人生というものを考えると，それは決定的なものではなかったかと。戦争なんだから，女性が一人や二人，ひどい目にあっても，そんなことはしようがないんだ，というふうには私は思わないんです。やはり女性の尊厳というものをどういうふうに見るか」と述べ，兵士のために女性の性を従属させる「男性性」のあり方を問題視していました（日本の前途と歴史教育を考える若手議員の会編『歴史教科書への疑問——若手国会議員による歴史教科書問題の総括』展転社，1997年）。

日本軍「慰安婦」問題をめぐり対立するジェンダー観は元日本軍兵士のあいだでも見られます。たとえば，男性兵士の攻撃的なセクシュアリティを自然なものとみなし，それを補完する「慰安婦」の存在を正当化する元兵士がいる一方で，女性の尊厳を奪った戦争犯罪として日本軍「慰安婦」制度をとらえるようになった元兵士もいます。

しかし，攻撃的な男性性を拒否して「謝罪する男性」は激しい攻撃や制裁に遭います。なぜならそれが「男同士の絆」としてのホモソーシャルな関係を揺るがすものだからです（ホモソーシャルな関係とは，女性やゲイ，男性性規範から逸脱する男性などを蔑視・排除することを通して「男同士の絆」を構築しようとするもの）。ホモソーシャルな関係は，常に女性を客体化し続けることで維持されます。日本軍「慰安婦」被害を否認したり，正当化したりするような「セカンド・レイプ」は，まさにホモソーシャルな関係を維持するためにおこなわれているとも言えるでしょう（米山 2005）。一方で，こうした歴史否定論に見られる謝罪を拒否する「有害な男性性」とは対照的に，「謝罪するマスキュ

リニティ」という「オルタナティブな男性性」もありうることは歴史否定論の克服ということを考えるうえで重要でしょう。

「有害な男性性」と日本社会

　ここまで歴史否定論や「ネット右翼」と「有害な男性性」との関係について見てきました。しかし，ここで忘れてはならないのは，単に歴史否定論者のジェンダー観だけが問題になっているわけではないことです。なぜなら歴史否定論の台頭や拡散を支えたのは，ほかならぬ日本社会だからです。つまり，歴史否定論がジェンダー問わず受容されている現状は，その「有害な男性性」が問題視されないという意味で，日本社会全体が「男性的」な場として構築されているということです。先述したジェンダー／セクシュアリティに関するバッシングや歴史否定論を支える女性議員についても，「男性的」な日本社会が女性に「有害な男性性」の内面化を強いているという側面もあるのです。

　そのため，日本社会を構成する一人ひとりが日本社会の「男性性のあり方」を問わなければなりません。まず第一に，ぼくを含めた日本人男性が自らの「男性性のあり方」に向き合う必要があると思います。この際，重要な示唆を与えてくれるのが，日本軍「慰安婦」被害者が共同生活をしている施設「ナヌムの家」の職員だった村山一兵の言葉です。村山は日本人男性である自分が日本軍「慰安婦」被害者の思いをどのように伝えられるか悩むなかで，日本軍「慰安婦」問題に向き合うことについて以下のように述べています。

figure 5　ナヌムの家および 隣接する日本軍
　　　　　「慰安婦」歴史館

撮影：熊野功英

　もっと正直に言うと，自分の好きな人とどういう関係を持ってきたのか，どういうセックスをしてきたんだろうか。関わりがあると思います。さらにアダルトビデオとか風俗

などが身近にあるわけじゃないですか。そういうものが沢山ある中で「慰安婦」問題を考えると,「慰安」という表現では暴力の姿が見えなくなっている(村山・神戸女学院大学石川康宏ゼミナール 2012)。

　ジェンダー／セクシュアリティに関する問題は自分のパートナーとの関係だけにとどまる問題ではありません。マジョリティ男性が自らの「男性性のあり方」を突き詰めていけば,それは自らの性的な欲望としてのセクシュアリティにも関わってきます。性搾取である「買春」が身近にあふれているように,セクシュアリティを含めた現在の日本の「男性性のあり方」が正当化されているからこそ,日本軍「慰安婦」問題における暴力の重大性に気づくことができないのです。

　このように日本社会,そして男性個人の「男性性のあり方」が問われずに,それが正当化されている現実は,歴史学者の及川英二郎の言う「男性性への執着」にほかならないと言えるでしょう。及川の指摘するとおり,「今日,植民地支配責任を問うとは,こうした男性性への執着と闘い,それを解体する作業と切り離すことはできない」のです(及川 2016)。先述した「オルタナティブな男性性」は,この「男性性への執着」の解体のための第一歩と言えるかもしれません(一方で,真に「男性性の執着」の解体を目指すためには,この「オルタナティブな男性性」も問い直し続ける必要があるでしょう)。日本の加害の歴史や歴史否定論は男性だけの問題ではありませんが,その維持・拡大を支えている「有害な男性性」や「男性性への執着」にあらためて着目する必要があります。それは,冒頭で示したとおり,父親や夫が「嫌韓」である場合が多い現状をふまえるとなおさらです。そのような意味で,日本社会における「男性性のあり方」を問い直すことを通してこそ,歴史否定論を克服していくことができるのではないでしょうか?

韓国のなかでは歴史について どう考えられているの？

李相眞

韓国政府の「決断」を背景に開催された日韓首脳会談

　2023年3月16日，韓国の尹錫悦大統領と日本の岸田文雄総理が首脳会談をおこないました。首脳会談後の記者会見で，岸田総理は「未来のために日韓関係の新たな章を共に開く機会が訪れたことに大変うれしく思う」と述べ，尹大統領は「韓日協力の新たな時代を切り開く第一歩となった」と応えました（『ハンギョレ』2023年3月16日付）。その後続いた夕食会で，両国首脳はビールと韓国焼酎を飲みつつ親睦を深めたそうです。

　尹大統領の訪日をめぐって，岸田総理は尹大統領が「難しい決断を下したことに心より敬意を表する」と述べました（『聯合ニュース』2023年3月17日付）。尹大統領はいったいなにを決断したのでしょうか。

　2018年，韓国の大法院は，日本の植民地支配のもとで強制労働を強いられた被害者による賠償請求訴訟で，日本による植民地支配の不法性を確認し，被告日本企業の賠償責任を認めた歴史的な判決を下しました。しかし，被告企業は1965年の日韓請求権協定によって賠償問題は解決したと主張して判決に不服だとしました。さらに，日本政府は「国際法違反」を叫んで被害者と企業間の判決に介入し，韓国に対する経済制裁をおこないました（金英丸 2019）。これに対し，韓国では「NO JAPAN」というスローガンのもとで日本製品の不買運動がひろがりました。みなさんも「史上最悪の日韓関係」と呼ばれたこの時期のことは記憶に新しいのではないでしょうか。

尹錫悦政権は，この2018年の大法院判決をめぐって「決断」を下し，日本企業が支払うべき賠償金を，韓国側が肩代わりすることで解決する案を発表したのです。今回の首脳会談はこのような尹政権の「決断」を背景に開催されましたが，生存被害者，支援団体，および韓国の市民社会は，加害者側が責任を負わない解決案に強く反対しています（『聯合ニュース』2023年3月6日付）。

　一方，岸田総理は「徴用工」問題に関する直接的な謝罪を表明することなく，しかも日韓首脳会談の場で日本軍「慰安婦」問題をめぐる2015年の日韓「合意」の着実な履行を求めたと報道されています（『ハンギョレ』2023年3月16日付）。

　モヤモヤ本Ⅰで，わたしたちは，「日韓」にまつわる問題に関して，人権を軸に自分自身の認識を問い直し，考え続けることの重要性について語りました。ところが，最近の一連の状況を見ていると，韓国政府によってこれまでとは正反対なことが言われています。尹錫悦大統領は，上記のように「徴用工」問題に関する肩代わり案を提示したことにとどまらず，「100年前のことで『絶対だめだ』，『無条件にひざまずけ』と言うのは受け入れられない」とまで言及して，被害者の人権回復とは程遠い認識を示しています（『ハンギョレ』2023年4月24日付）。読者のみなさんもこうした状況にモヤモヤしているのではないでしょうか。「歴史にはこだわりすぎず，前に進んでいくことが重要なのかな？」と。韓国政府はなぜこうした態度を見せているのでしょうか。

大韓民国の成立

　1945年8月15日，朝鮮は日本の植民地支配から解放されました。35年にわたる日本の支配から解放された朝鮮人は自主国家の成立を期待しました。しかし，そうした朝鮮人の願望を裏切って，38度線以南には米軍が進駐し，以北にはソ連軍が進駐して朝鮮半島を分割占領しました。アメリカとソ連の覇権競争に朝鮮が犠牲になったのです。

　ここで重要なのは，朝鮮の分断の根源には日本の植民地支配がある

ということです。日本は植民地支配を通じて朝鮮人の自決権を奪って徹底的に抑圧しました。植民地支配を円滑に進めるために、積極的に協力する人物（「親日派」）を育成して朝鮮人社会を分断させました。こうした環境のなかで、朝鮮人たちが解放後の国家体制について議論する十分な時間を持ちえなかったことは容易に想像できるでしょう。ただ、植民地支配下にあって、独立運動を展開した左派の社会主義勢力と右派の民族主義勢力は統一戦線の構築に努力し、解放直後には独立運動家である呂運亨を中心として建国準備委員会が結成されました。そして、1945年9月には朝鮮人による統一国家である朝鮮人民共和国の樹立が宣言され、全国的な自治機構である人民委員会が組織されていたのです。

　こうして自主国家の成立が目指されていた朝鮮にアメリカとソ連が進駐し、以後、朝鮮は、アメリカをはじめとする資本主義陣営とソ連をはじめとする社会主義陣営の対立の舞台となっていきます。

　解放直後の朝鮮では、独立運動の主導権を握っていた左派社会主義勢力が大衆的支持を受けていたので、アメリカは38度線以南から社会主義勢力を追放することを急務とし、その一環として、左派勢力が中心となった朝鮮人民共和国を否認しました。さらに、アメリカにとっては、民族の自主性を侵害する帝国主義勢力に抵抗する右派民族主義勢力も警戒の対象でした。米軍政は独立運動勢力の代わりに「親日派」を登用していきます。その結果、植民地支配のもとで朝鮮総督府の官僚、警察、そして日本軍として服務していた軍人たちが、38度線以南の主流勢力となりました。日本の朝鮮植民地支配に協力し、朝鮮の独立を阻止した「親日派」が、米軍政とそれを支持する人びとにとっての「愛国者」になったのです。朝鮮では、解放直後には思いもよらなかった歪んだ事態が起こっていました。

　米軍政は次いで38度線以南での単独政府の樹立を目指しました。これに対し、独立運動勢力は単独政府の樹立に反対し、統一政府の樹立のために動き出しました。また、朝鮮民衆も単独政府に反対して各地

で抗争を起こしました。しかし，米軍政は民衆の抗争が「アカの仕業」であるとして軍および警察に鎮圧を命じ，多くの民衆が虐殺されました（「アカ」は共産主義者や社会主義者に対する蔑称。朝鮮語では「パルゲンイ」。なお，韓国現代史の文脈においては単に共産主義者だけではなく，国家に抵抗する者は「アカ」のレッテルが貼られ，国家による強力な思想統制がおこなわれるなかで，「アカ」は韓国の「敵」であり，絶滅させなければならない存在と位置づけられた。康誠賢〔カンソンヒョン〕2012，崔仁鐵〔チェインチョル〕2020）。

　結果的に，1948年8月15日に38度線以南では単独政府が樹立されました。これが今の大韓民国（以下，韓国）です。韓国の初代大統領には，アメリカへの留学を通じて「反共主義」を身につけた代表的な「親米」人士，李承晩〔イスンマン〕が就任しました。これに次いで，38度線以北でも朝鮮民主主義人民共和国が樹立されました。日本の植民地支配から解放された朝鮮半島にふたつの国家が成立したのです。韓国はアメリカの意思に沿って植民地期の遺産を十分に清算できずに「反共」を国家理念としました。そのため，韓国では「親米」というフレーズが常に付きまとうことになります（金東椿〔キムドンチュン〕2020，韓洪九〔ハンホング〕2003A）。

朴正熙政権と日米韓ネットワーク

　朝鮮半島におけるふたつの国家のあいだでは葛藤が増幅し，その結果として戦争が勃発します。1950年6月25日の朝鮮戦争です。この戦争は，植民地支配下の民族分断政策によってもたらされた朝鮮人内での階級矛盾と葛藤が，米ソの対立により増幅され戦争として爆発したものでした。同じ民族どうしの戦争によって南北合わせ500万人余が犠牲となり，多くの民間人が極端なイデオロギーのもとで虐殺されました（韓洪九 2003A）。この残酷な戦争によって分断は固着化し，同じ民族が互いに銃を構え対峙することとなりました。韓国の権力者は，この機会を利用して「反共」をさらに確固たる価値と位置づけ，自らの既得権益を維持しようとしました。

　1961年に軍事クーデターで政権を掌握した朴正熙〔パクチョンヒ〕も「反共を国是

81

の第一義」にすると宣言しました。これはアメリカの信頼を得るための措置であったと言われています。朴正熙は，アメリカから，政権の正当性を認めてもらう必要があったのです（金東椿 2020）。

　冷戦構造のもとで，アメリカは日本と韓国を東アジアにおける「反共」の防衛線と設定しましたが，それが効果的に作動するためには日韓両国が国交を正常化して協力関係を構築する必要がありました。アメリカの支持を後ろ盾にして国際社会に復帰した日本は，植民地支配について反省の意を表すことなく，むしろ植民地支配を正当化し，植民地支配が朝鮮の発展に寄与したという趣旨の妄言を繰りひろげました。「反共」を最大の国家理念として日本と連携する意志があった李承晩政権さえも，こうした日本の植民地支配に対する認識にはとうてい同意することはできませんでした（金東椿 2020，吉澤 2015）。

　そこをねらったのが朴正熙でした。「満洲国」の陸軍軍官学校と日本の陸軍士官学校を卒業して「満洲国」軍の少尉に任官した経歴の持ち主であり，韓国における「満洲国」人脈を利用して権力を掌握した朴正熙は，日本の支配層との信頼関係をもとに交渉できる存在でした。朴正熙政権は日本との国交正常化を通じて，アメリカからの信頼を得るとともに，アメリカの対韓援助額が減少しているなかで日本との関係改善により経済を発展させるという一石二鳥の効果を期待して交渉に臨むことになります（韓洪九 2003AB，吉澤 2015）。

　日韓両国は交渉の妨げとなっていた問題をいち早く「棚上げ」しようとしました。朴正熙政権は，「新宗主国」であるアメリカが，旧宗主国である日本との協力体制の構築を要求すると，日本の植民地支配責任をあいまいにさせる形での国交正常化を推進したのです。そのため，朴正熙政権期におこなわれた会談で植民地支配責任の問題がとりあげられることはありませんでした。朴正熙政権は日本の植民地支配責任を追及することなく，日本から無償3億ドル，有償2億ドルの経済協力金を受け取ることに同意して，1965年に会談の決着をつけました。「賠償金」ではない「経済協力金」を受け取ることで，日韓両国間

の請求権問題を「完全かつ最終的に解決」することに同意したのです。

しかし，日韓請求権協定で「完全かつ最終的に解決された」という事項のなかに，植民地支配および戦争犯罪に起因する被害は想定されていません。これは逆説的にも日本側が植民地支配を「合法」とする姿勢を堅持したからでした。これに加え，日韓交渉で個人の請求権問題は議論されなかったことを指摘しなければなりません。

そのため，日本軍「慰安婦」問題および「徴用工」問題をめぐって，日本政府や被告企業が主張しているように日韓請求権協定によって問題が解決された，とは言えません。また，個人の請求権は残っているのです。ただし，日韓会談の締結により，被害者の尊厳回復が難しくなったことは事実であり，加害国である日本側の責任とは質的に異なるにせよ，朴正煕政権もその責任から自由ではありません。

日韓会談に対し，韓国の市民たちは交渉時から「対日屈辱外交反対」闘争を展開しましたが，朴正煕政権は戒厳令まで敷いて反対闘争を鎮圧しました（吉澤 2015）。

そして，日韓会談が妥結すると，朴正煕大統領は「今日我々が対峙している敵は国際共産主義勢力」であるとして，「過去の敵であったとしても，我々の今日と未来のために必要であるならば，かれら〔＝日本〕とも手を組むことが国利民福を図る賢明な対処」であるという談話を発表しました。そのなかで，朴正煕大統領は日韓会談を批判する側を「劣等意識」にとらわれていると批判し，植民地支配責任を問わない会談の結果を正当化しました（「韓日会談妥結に際しての特別談話文」1965年6月23日付〔韓国大統領記録館所蔵〕）。

こうしてアメリカの「傘」に入ることに成功した朴正煕政権は，政権に反対する人びとに「アカ」というレッテルを貼って排除していきました。しかも，民間人を「北傀」（朝鮮民主主義人民共和国のこと。同国の正当性を認めない趣旨の用語）からの指令を受けたスパイであるとする事件まで引き起こされたのです。朴正煕大統領死亡後に軍事クーデターを起こした全斗煥は，軍部勢力の執権に反対して起こった「光

83

州5・18民主化闘争」を武力で鎮圧したのち，この闘争が「『北傀』スパイの扇動」によるものであると発表しました（韓洪九 2005）。

21世紀にも続く「反共」・「親米」，そして「親日」

　以上のように，韓国政府樹立以後，権力者たちは「反共」という決まり文句のもとで民主主義を蹂躙してきました。特に，朴正熙政権から全斗煥政権にわたって続いた軍事独裁政権は，大統領を市民たちの手で選ぶ権利さえも奪いました。民主化要求は権力者によって抑圧されてきましたが，市民たちはそれに屈することなく民主主義実現のための闘争を続けました。その結果，1987年に大統領直接選挙などが盛り込まれた「6・29宣言」が発表され，韓国社会は民主化を勝ち取ることに成功しました。しかし，民主化以後にも，「反共」・「親米」を掲げて権力を獲得してきた既得権層は，今度は「保守」という看板のもとに結集して戦列を整えました（金東椿 2020，韓洪九 2003A）。

　2003年に誕生した盧武鉉政権は，市民の要求に応えて「過去事清算」を重要課題として，「親日」問題，民間人虐殺問題，人権侵害事件などの真相究明を大々的に進めました。それら事件の「主犯者」である「保守」勢力は大きい危機感を感じました。このような状況に対抗して，「新しい保守」を掲げた「ニューライト」（以下，カッコは省略）という集団が登場します。ニューライトは「反共」イデオロギーを強固にしたうえ，盧武鉉政権が韓国の歴史を否定的に見る「自虐史観」にとらわれていると攻撃しました。「自虐史観」という用語は，日本軍「慰安婦」問題が日本の中学校歴史教科書に記述されたことを背景に，日本の歴史否定論者がつくりあげた言葉です（本書64〜65頁参照）。ここに日韓右翼の連帯を見ることができます。

　ニューライト勢力は，日本の歴史否定論者にならって歴史教科書の発刊に乗り出しました。かれらは既存の教科書が「従北」的（朝鮮民主主義人民共和国に無批判に追従するという意味）な傾向を見せているとして，「実証主義」に基づいた歴史教科書の必要性を主張しました。そ

の結果，2008年に『代案教科書　韓国近現代史』（ギパラン）が発刊され，2013年には『高等学校韓国史教科書』（教学社）が検定を通過しました。ふたつの教科書は「親日」勢力を韓国建国勢力および経済発展の主役と描いて既得権層を代弁する意図を持っており，そのために日本の植民地支配を擁護しています。「保守」勢力は力を合わせてニューライト教科書を支援しました。なお，日本の歴史否定論者もこのニューライト教科書を歓迎したのは言うまでもありません。日韓右翼間の連帯がいよいよ本格化したのです（韓洪九 2008，康誠賢 2020）。

このようなニューライト教科書が登場した時期に注目しなければなりません。2008年は李明博政権，2013年は朴槿恵政権が登場した時期です。つまり，「保守」勢力の団結が「保守」政権を誕生させ，政権の庇護のもとで「保守」勢力は影響力を拡大していったのです。

「保守」勢力は「経済発展の主役」である朴正煕の娘，朴槿恵を権力の座に復帰させました。朴槿恵政権は，1965年の日韓会談を継承するかのように，日韓会談締結のちょうど50年後である2015年に日本軍「慰安婦」問題が「最終的かつ不可逆的に解決される」とした日韓「合意」を締結しました。被害者の意思を無視した政府間の合意でした。

日韓「合意」は，中国の台頭を警戒したアメリカ側が日米韓協力体制の構築を要求し，日韓間の仲介役を務めた結実だという見解があります（ソン・ヨル 2018）。つまり，日本軍「慰安婦」問題をめぐる日韓「合意」も，朴正煕政権期の日韓会談と同じく，「新宗主国」アメリカの要求に基づいて締結されたものだということです。ただし韓国社会の隅々まで「保守」勢力が影響力を強めており，日韓右翼のネットワークが形成されていることは，朴正煕政権期とは違っていたのです。「保守」勢力は，朴槿恵政権を擁護するにとどまらず，日韓「合意」に反対する勢力を「アカ」と貶めたのです。

朴槿恵大統領は歴史教科書の国定化を推進するなどして「保守」勢力を団結させることに力を注いだ一方，国政運営には無関心でした。修学旅行中の高校生たちが乗った旅客船が沈没して多くの学生が亡く

85

figure 6　ソウル駅前で開かれた右派政党の集会。たれ幕には「共産勢力剔抉」と書かれている。

撮影：李相眞

なった「セウォル号」事件が発生したとき，政府の対応がきわめて不十分だったことが問題視され，韓国市民の政府に対する不信感は強まりました。しかも，大統領の側近が国政に不当に介入し権力を私物化した事実が明らかになると，韓国市民の不満は爆発し，韓国史上初の大統領弾劾という事態が起こりました。

　新しく登場した文在寅〈ムンジェイン〉政権は，日本軍「慰安婦」問題をめぐる日韓「合意」を事実上破棄するなど，改革を推進し，「保守」勢力は再び危機に直面しました。このとき，日米韓ネッ

トワークが力を発揮します。日本では，右派メディアによって，文在寅政権が「従北左派」であるため「反日」政策を繰りひろげているという報道が連日出されました。またハリー・ハリス駐韓米国大使（当時）は「文在寅大統領が従北左派に囲まれているという報道がある」と言及しました（金東椿 2020，『東亜日報』2019年11月30日付）。

　そして，日米韓ネットワークに支えられた「保守」勢力の反撃が始まり，ニューライトの一員である李栄薫教授らが執筆した『反日種族主義』（ミレサ，2019年）という書籍が出版されたのです。『反日種族主義』は，「保守」勢力の既得権益を正当化するために，より積極的に日本の植民地支配を擁護しています。日本の植民地支配が韓国の近代化につながったという「植民地近代化論」を主張し，植民地支配の暴力性を否定しました。

　『反日種族主義』は，YouTube などニューメディアを通じて社会にひろがり，韓国社会の「保守」勢力，既得権層，マジョリティを団結させる役割を果たしました。同書は発刊2か月で10万部が売れてベス

トセラーとなりました。他方，日本の歴史否定論者たちは，『反日種族主義』の著者たちと連帯し，同書の日本語版を出版しました（李栄薫編著『反日種族主義——日韓危機の根源』）。同書は日本で40万部を超える売上を達成して日本社会でもひろく普及しました（康誠賢 2020）。

　「保守」勢力は『反日種族主義』を「バイブル」として文在寅政権を攻撃し，韓国社会を分裂させました。なお，「保守」勢力は，日本軍「慰安婦」問題を否定する論文を発表した米・ハーバード大学教授のジョン・マーク・ラムザイヤーを支持するなど，日米韓ネットワークを強化するために動き出しました（本書70頁参照。『亜洲経済』2021年2月16日付）。ラムザイヤー論文は日本の歴史否定論者および李栄薫らの論考を主要参考文献として引用しており，学界における日米韓ネットワークを象徴するものであると言えます。

　このような反撃の末に，2022年に「保守」勢力の支持を後ろ盾にした尹錫悦政権が登場しました。尹錫悦大統領は「自由」と「安保」を最大の価値として掲げていますが，これは「反共」・「親米」・「親日」の言い換えにほかなりません。

　尹錫悦政権は，朴正煕政権と朴槿恵政権を継承して「徴用工」問題を「解決」しようとしています。今回の尹錫悦政権の「決断」をめぐって，日本のみならず，アメリカでも支持声明が出されました（『聯合ニュース』2023年3月31日付）。その「成果」として，尹錫悦大統領は2023年4月に「夢に描いた」アメリカへの国賓訪問を成し遂げ，アメリカの「承認」を受けました。

　尹大統領は今回の「決断」が「国益」のためのものであったと説明しています。しかし，日本が植民地支配責任から逃れるための免罪符を与えて，被害者を置き去りにし，政府として歴史を記憶し未来に継承する責務を放棄したことが「国益」であるとは思えません。韓国の歴史をふまえると，「国益」と言うよりは，むしろ「保守」勢力，既得権層，マジョリティの「私益」と言ったほうが適切でしょう。

87

学び場紹介　Fight for Justiceって？

朝倉希実加

　「日韓」の問題でモヤモヤしたときにオススメしたいのがウェブサイト Fight for Justice です（https://fightforjustice.info/）。

　Fight for Justice（以下，FFJ）とは2013年に創設された日本軍「慰安婦」問題 web サイト制作委員会のことです。FFJ では，「日本軍『慰安婦』問題の解決を目指し，日本軍『慰安婦』制度に関する歴史的な事実関係と責任の所在を，資料や証言など明確な出典・根拠をもって，提供すること」を目標として，研究者・専門家，技術者，ジャーナリスト，アーティスト，市民運動団体などと協力しながら Web サイトの運営を中心に活動しています。

　FFJ の Web サイトでは学術的な根拠に基づき，日本軍「慰安婦」問題についての解説を日英朝中の多言語でおこなっています。入門編，解決編，Q＆A では，日本軍「慰安婦」問題の基本的な情報や「解決」のためにどうしたらいいのかなどについて解説しています。証言編では，サバイバーたちの証言や元日本兵の証言を見ることができます。動画編では，2000年に開催された女性国際戦犯法廷で証言をおこなったサバイバーたちの証言を動画で見ることができます。また日本軍「慰安婦」問題について知りたいけれど，どの本を読めばいいのかわからないという人に向けて本や映像資料のガイドもあります。

　2021年からはオンライン連続講座もおこなっています。第Ⅰ期では「いちからわかる日本軍『慰安婦』問題」として，日本軍「慰安婦」問題の基本的な事柄についての講座を，第Ⅱ期では「いちからわかる近代公娼制度」として日本軍「慰安婦」制度とも関わりのある近代公娼制度（国家が「性売買」を公認し，管理した制度のことでその本質は性奴隷制度であった）についての講座をおこないました。第Ⅲ期では「いちからわかる朝鮮植民地支配」として日本軍「慰安婦」制度の前提になる植民地

支配についての講座をおこなっています。

　また，FFJ では研究者やジャーナリストなどだけではなく，学生を含む若手メンバーも活動しています。そうした若者メンバーを中心として現在「次世代が／をつくる映像プロジェクト」という動画制作プロジェクトも展開しています。若い人たちのなかで，日本軍「慰安婦」問題について知っている人が少ないという日本の現状を受けて，動画で日本軍「慰安婦」問題について伝えようと考えました。現在，〈「慰安婦」問題がわかる10の質問〉というシリーズを制作しており，「Q1. 日本軍『慰安婦』問題ってなに？」「Q2.『少女像』ってなに？」「Q3. 公娼制度ってなに？」「Q4.『慰安婦』って公娼なの？」の４本の動画を公開しています（FFJ の YouTube チャンネル @fightforjustice8501 で見ることができます）。今後も日本軍「慰安婦」問題について理解を深めることができる動画を制作していく予定です。

　FFJ の設立背景には，国際社会では日本軍「慰安婦」制度が性奴隷制度であったことがサバイバーの証言や研究によって認められているにもかかわらず，日本社会では「強制連行はなかった」「証言はねつ造」などといったヘイトスピーチやデマが，特にインターネットにおいて，明確な根拠や出典がないまま拡散されているという状況がありました。そうした不正確な情報に対して，明確な学術的根拠を持って対応していく必要があるのではないかとの思いからはじめられたものですが，設立から10年が経とうとする現在でも，インターネットや SNS を通じてヘイトスピーチやデマが拡散され続けています。そうした状況のなかで，FFJ の Web サイトや SNS，動画などを通じて，より多くの人に事実とサバイバーたちの人生について考えてもらいたいと思います。また，事実を知るとともにわたしたちが日本軍「慰安婦」問題をどのように記憶していくのかについても考えていかなければなりません。学校教育の場で日本軍「慰安婦」問題について知る機会はほとんどありません。そして，サバイバーたちの多くが亡くなりつつある今，わたしたち若い世代が次の世代へと事実を伝え，記憶していくことが求められているのではないでしょうか。

ゼミの後輩たちは『「日韓」の モヤモヤと大学生のわたし』を どのように読んだのか

座・談・会

2022年春，モヤモヤ本を読んだ後輩たちが，新たに加藤ゼミに入ってきました。後輩たちはモヤモヤ本やゼミでの学習を通して，どのように認識を深めてきたのでしょうか？　後輩3名とモヤモヤ本の著者5名が，モヤモヤ本について話し合いました。（一橋大学の学園祭である「一橋祭」で加藤ゼミの学部3年生〔当時〕が主催したイベント「モヤモヤ本のその先へ〜みんなで話し合う『日韓』のモヤモヤ〜」〔2022年11月19日，一橋大学，オンライン併用〕の前半。滝波明日香・根岸花子・藤田千咲子：学部3年，朝倉希実加：修士1年，李相眞：同2年，牛木未来：同2年〔韓国留学中，オンライン参加〕，沖田まい：会社員1年目，熊野功英：修士1年〔米国留学中，オンライン参加〕）。

なぜゼミで学ぼうと思ったのか

根岸花子：この発表ではモヤモヤ本の感想やゼミでの学習を通じての自分たちの認識の変化などを述べたいと思います。まず，3年生がなぜ加藤ゼミに入ったのかについて順番にお話しします。

もともと自分自身は，政治や社会に対する問題意識があるほうだとは思っていたのですが，1年生のときに加藤先生の授業で読んだ田中宏先生の『在日外国

根岸花子

人——法の壁，心の壁（第3版）』（岩波新書，2013年）という本に，今までの認識が覆されました。日本にいる外国人の方々が置かれている実情を知ったことで，わたしは外国人，特に朝鮮にルーツを持つ人たちに対して差別意識がないと思っていたのになにも知らなかったこと，マスコミなどの影響で，どこか下に見ている部分があったということ，また自分ごととしてまったく考えていなかったこと。自分のなかにある差別意識に気づいて学ばなきゃいけないと思い，3年生になったら加藤ゼミに入ろうと決めました。

滝波明日香：大学入学の時点では特段，朝鮮の歴史や韓国に対して興味があったわけではありませんでした。転機となったのは，コロナ禍でハマった韓国ドラマです。さまざまな作品を鑑賞していくなかで，いわゆる「反日ドラマ」と言われるドラマに出会いました。気になって鑑賞してみると，たしかに指摘されている

滝波明日香

とおりモヤモヤする部分がありました。どうしてモヤモヤするのかがわからない，でもモヤモヤする自分自身も「すごく嫌だなー」って思っていたときに，加藤先生のゼミの存在を知りました。ゼミで出版していたモヤモヤ本を読んだら，今まで自分が抱えていたモヤモヤの内容がとりあげられていて，「わたしがずっと知りたかったのはこれだ」ってなって，そのままゼミへの参加を決めたんです。

藤田千咲子：わたしは大学生になってから K-POP のダンスをコピーするサークルに入ったことで K-POP をよく聴くようになりました。音楽を聴くだけでなく SNS でファンが発信している情報などにも多く触れるようになるうちにモヤモヤを感じることが出てきました。たとえば，特定のメンバーに対して「マリーモ

藤田千咲子

ンドのグッズを使っていたから反日なんだ」「日本のファンがいるのに，信じられない」と言う人がいたり，それに対して「韓国はそういう国だからしょうがない」「韓国ではみんな反日教育を受けるから」と

いう反応をする人がいたりしました。当時のわたしは「慰安婦」問題やマリーモンドについて詳しく知らなかったのですが，なぜ日本軍「慰安婦」被害者たちを支援したいという思いからグッズを使うことが「反日」ということになるのか疑問に思いましたし，韓国はこうだからと一括りにして表現していることに違和感を覚えていました。また，今まで見ないふりをしてきた Twitter などでの「嫌韓」発言に対しても怒りを覚えるようになりました。

　そんなモヤモヤを母に話したところ，モヤモヤ本を読むことを勧められて書店で購入してみました。そして日本による植民地支配について学ばなければならないと強く思うようになりました。ですが自分一人で調べてみても，なにが本当のことかわからず不安に感じることが多くありました。そのなかで，加藤ゼミに入ったらそのように悩むことも少なくなり，自分が感じているモヤモヤについてほかの人とも共有できる機会ができるのではないかと思って入ろうと決めました。

根岸： みなさん加藤ゼミに入った理由として，モヤモヤを抱えていたことがわかります。それではこのモヤモヤについて具体的にお話ししていきたいと思います。まず滝波さん，どうですか。

滝波： わたしがゼミに入った当初に自分が抱えていたモヤモヤは，大きく分けて三つありました。ひとつ目がなぜ韓国ドラマが「反日」と言われてしまうのか。ふたつ目がそもそも「反日」ってなんなのか。三つ目がどうして自分がその「反日」ドラマを見てしまうとモヤモヤを感じてしまうのか，この三つです。

藤田： わたしが感じていたモヤモヤはふたつあって，ひとつ目は今まで加害者側である自分が加害の歴史と向き合わずとも生きてこられたことに対するモヤモヤです。ふたつ目はわたしに韓国の文化を楽しむ権利はあるのかというモヤモヤです。日本は朝鮮を植民地支配して多くの人の人権を侵害しました。それなのに日本では加害の歴史は反省されておらず，当時の状況を生み出した社会構造も変わっていないと思います。今まで加害の歴史と向き合ってこなかったわたしが，韓国

figure 7　一橋祭でのイベントの様子

撮影：加藤圭木

の文化だけを享受することが許されるのかモヤモヤしていました。

根岸：たしかに，自分たちが加害の歴史に向き合わずに生きてこられた，モヤモヤ本でも指摘されていた特権に対するモヤモヤにすごく共感します。わたしとしては，日本の現状として過去の日本の加害を直視せず，反省もなく，それによって差別が再生産され続けている構造があるのに，日本と朝鮮の歴史に関する話題だったり，日韓関係に関する話題がある種タブー視されている現状，まわりと話し合うことすらできない現状というものにモヤモヤしていました。

後輩たちが読んだモヤモヤ本

93

根岸：わたしたちはゼミに入る前後でモヤモヤ本を読んだのですが，感想を一人ずつ話していきたいと思います。

　わたしが最初にモヤモヤ本を読んだのは2年生のときでした。さっきお話ししたとおり，1年生の授業が問題意識を持つきっかけでしたが，モヤモヤ本を読んだことで，あらためて日本の朝鮮への加害の歴史を学ぶとともに，自分たちが「自分ごととしての歴史」にどう向き合っていくべきなのか，現代の社会でどう振る舞っていけばいいのか，とても勉強になりました。

　また自分と同じようなモヤモヤを加藤ゼミの先輩方も持っていたのだと知り，少し安心したというか，加藤ゼミに入って勉強していろいろとお話ししたいという気持ちが強まったのを覚えています。

滝波：モヤモヤ本を読んで最初に抱いた感想は，「これが，まさにわたしが知りたかったことだ」ということです。いわゆる「反日」とは

なんなのか，なぜ日本人が「反日」と感じてしまうのか，今までネットを探しても納得のいく説明がひとつもなかったのですけれど，この本のなかで丁寧に解説されていて，それが自分にすんなり入ってきて，納得がいきました。自分が今まで抱いていた，言語化できないモヤモヤの正体がわかって，すっきりした記憶もあります。それと同時に，今まで自分がどれだけ日本の加害の歴史に無関心だったのかを思い知らされました。本のなかの表現を借りれば，自分はまさに「文化を消費している」だけの人だと感じて，すごくグサッときました。また，今まで自覚していなかった特権性の存在に気がついたときに，そのときまで気づくことができなかった自分自身が怖くなりました。

藤田：わたしは，自分自身がいかに朝鮮に対する日本の加害の歴史について無知だったかを思い知らされました。それまで感じていた自分のモヤモヤも，加害の歴史に対する責任について無知であるからこそ生まれたものだったと気づかされました。モヤモヤ本を読む前は，韓国人を「反日」だと決めつけて非難するのはかわいそうだと感じていましたが，それは加害者側にある自分が被害者側の人びとをジャッジしているに等しいことだと気がつき，自分が情けなく感じました。

　また，自分自身が今まで「嫌韓」発言について怒りを覚えつつも，加害の歴史を知ろうとする努力をまったくしていなかったことにも気づかされました。モヤモヤ本のなかでも述べられているように，無意識のうちに韓国の文化が好きだということを加害の歴史と向き合わない免罪符のようにしてしまい，自分のことを棚に上げていたのだと思います。モヤモヤ本を読んで，日韓の問題は政治問題というよりは人権の問題で，自分自身の問題でもあるのだということを強く感じるようになりました。

ゼミでの学びでモヤモヤはどう変化したのか？

根岸：わたしたちのゼミでは文献を読んだり，今年は沖縄や韓国での

フィールドワークや，朝鮮大学校（在日朝鮮人の高等教育機関）との交流会をおこなうなど，さまざまな学習をしてきました。そのようななかでゼミに入る前後で持っていたモヤモヤが変化したことがあったのではないかと思います。まず，滝波さんはどうですか。

滝波：変化として，ひとつ目がモヤモヤの種類が増えました。今まで韓国ドラマなどをはじめとする韓国カルチャーに関するモヤモヤが多かったのですが，歴史や教育，人権などの観点でのモヤモヤが新しく生まれていきました。そういった意味で，単純にモヤモヤの数だけじゃなくて，モヤモヤの種類が増えたように感じます。

　ふたつ目は「日韓」の問題に対して自分がどのように振る舞えばいいのかという新しいモヤモヤが生まれました。それまではモヤモヤの正体を知りたいという思いが強かったのですが，今は同じようにモヤモヤを抱えている人のためになにかしたいと思うようになりました。

藤田：わたしがゼミに入る前に感じていたモヤモヤは，ただひたすら申し訳なさを感じるといった，どこか独りよがりなものが多かったように思います。また，自分自身がK-POPファンとしてこれからどのように推していくのかという「推し方」の問題にとどまってもいました。ゼミで学ぶことを経て，そこからどうするのかといったモヤモヤとの向き合い方を学べたと思います。また，天皇制や道徳教育，日常生活のなかでのジェンダーやセクシュアリティに関することなど，今まで自分が疑問視してこなかったことについて違和感を覚えることが増えました。今までわたしはなにに対してもあまり問題意識を持てるほうではなかったのですが，ゼミでほかの人の問題意識を聞くことで今まで当たり前だと流していたことでも一度立ち止まって考えてみることが増えたからだと思っています。一方で，ゼミとゼミ以外の場所のギャップを感じることが多く，本当に今の状況を変えることはできるのか，自分にはなにができるのかモヤモヤを感じてしまいます。

根岸：まずとても大きいこととして，ゼミの場が自分の問題意識を安心して共有できる，議論できる場であるため，自分がゼミに入った時

95

figure 8 2022年10月に3年ぶりに実施された韓国でのゼミ合宿（ソウル南山中腹）

撮影：加藤圭木

点に感じていた（まわりの人と問題意識を共有できないという）モヤモヤが変化したと思います。一方で，非常にぼんやりとした話かもしれませんが，先ほど藤田さんが言っていたような，ゼミの外で自分はどう振る舞えばいいのか，直面するだれかの（歴史否定や差別的な）言動にどう反応すればいいのか，新たなモヤモヤを感じるようになりました。今までだったらスルーしていた出来事や，だれかの言動を，あらためて自分のなかでとらえて考える機会が増えたと思います。そのような機会が増えることで消耗してしまうこともあるのですが，そうやって自分のなかで考えることがとても重要であると感じています。そして，その同じ問題意識を，仲間がいるゼミの場やこういう場で共有することが重要なのだとも思っています。

　このあとは，著者の先輩方に，3年生の発表に対するコメントと，3年生からの質問に応答をしてもらいます。わたしは，本を通してさまざまな反応が返ってきたと思うのですが，それらの反応からなにか新しいモヤモヤが生まれることがあったのか，お聞きしたいです。

藤田：わたしは今，みなさんがどういった活動に力を入れているのか，将来の展望などあればお聞きしたいなと思っています。

モヤモヤを抱えながら考え続けること

滝波：それではまず，相眞さんからお願いします。

李：みなさんが自分自身のモヤモヤの正体を知り，自分自身の問題意

識を確立して，それに向き合っていることがすごいと思いました。わたしの場合は，モヤモヤ本を書く過程で，自分の問題意識がどういうものなのかを確立していったので，今の段階ですでにこういうイベントの開催ができて，すごいと感じます。

　モヤモヤ本への反応などを見て新しくモヤモヤしたことはないのかという質問ですが，まわりからの反応というよりは，モヤモヤ本を書き進め問題意識が確立するなかで，新しいモヤモヤが次々と出てきました。たとえば，最近の歴史研究のなかには，植民地支配の暴力性の問題をあまり重視していないように思えるものもあるのですが，そのような研究潮流に強い違和感を持つようになりました。

　根岸さんの話にもあったように，モヤモヤに向き合う際に消耗してしまうことはあります。しかしモヤモヤ本を書いて1年ほど経った今，すぐには解消できなくても，モヤモヤを抱えたままでだいじょうぶだと感じています。いろいろな経験をしたり，書籍を読んでいくと，抱えていたモヤモヤが解消する場合もあるので，自分が今持っている問題意識を大事に守っていけばいいのではないかと思います。

滝波：自分自身はまだ学びはじめてから時間は短いのですけれど，たしかに問題意識を持ち続けることは重要だと思っているので共感しました。相眞さんのコメントに対して根岸さん，いかがでしょう。

根岸：消耗してしまうこともあるけれど，モヤモヤはすぐには解消しなくてもいい，モヤモヤを抱え続けながらでも勉強していくことが重要という話が，すごく参考になりました。そのような姿勢でこれからも学んでいきたいと思いました。

滝波：では牛木さんからもコメントをお願いします。

牛木：まず，みなさんの感想を聞いてうれしかったのが，言語化することの大切さとか，特に歴史を学ぶことによって自分自身を振り返るきっかけになったということですね。実は，わたし自身もまた，モヤモヤ本を書いていく過程で，「相眞さんはこういう考えを持っていたのか」とか，「自分の問題はここにあったのだ」といったことを把握す

97

ることができたのです。そして，モヤモヤ本を書いて終わりということではなく，今でもこの問題に関する取り組みが一緒にできる人がいることがわたしにとっては大きな励みになっています。

　モヤモヤ本に対する反応のなかでとてもうれしかったのが，「『反日』の本質はなんなのか」とか，「植民地支配は人権問題である」という，自分たちが伝えたかったメッセージを受け取って，それをひろげてくれる人たちがいたことです。

　次に，新たに生じたモヤモヤですが，わたしにとって一番大きかったのはモヤモヤ本を書いたあとにそれをどれだけ続けていけるのか，ということでした。それから，読者の方に，どれだけ続けて考えてもらえるのか，ということです。モヤモヤを抱えながら考え続けていくことは決して簡単ではないと思います。たとえば，本を読んで「わかった，そうなんだ！」と，それだけで終わってしまうこともあるでしょう。韓国のアイドルに対する考え方は変えられたとしても，身近にいる人や身近にいるマイノリティに対して自分がどういう接し方をしているか意識することまでできるのか，ということも重要です。きちんと勉強しないと自分の行動が差別行為かどうかわからないわけです。そこで「通過儀礼」のように，「へぇー」で終わってしまわずに考え続けられるのかが大切だと思います。

　本を通してつながることができた読者の方たちと，これからもどのようにしたらつながっていけるのかを考えています。大学院に進学するとこの問題について考える機会が割と多いのですが，みんながみんなそのような場に身を置けるわけではないですし，さまざまな場でこの問題について考え続けてくれる人がいることが重要なのだと思います。これからの人生で予想不可能なことがあっても，そのなかで自分自身が特権を持っている問題に対して，どれだけ立場性がぶれずに，少しずつでもなにかに取り組んだり考え続けていけるのかが課題だと感じています。みなさんと一緒に話し合っていけたらなと思います。

滝波：わたしも大学を卒業したら会社員になる予定なのですが，会社

員になったあとにこの問題についてどう自分が向き合っていくべきなのか，現在進行形で抱えている問題なので，考えさせられました。

韓国文化という入り口をめぐって

滝波：では熊野さんにもコメントいただきたいと思います。

熊野：同じような問題意識を持っている後輩たちが，同じゼミに入って勉強していることがすごくうれしいです。

　モヤモヤ本を書きながら自分でもとてもモヤモヤしたのは，この本はK-POPなどの韓国文化をひとつの入り口にしているので，日本と朝鮮の問題について，どうしても推しやファンダムのあり方という次元の話に矮小化されてしまうのではないかということでした。藤田さんもおっしゃっていたように，どのようにK-POPアイドルを推していくべきなのかといった「推し方」に焦点があたってしまうということです。それだと歴史に向き合う意義や必要性が「韓国文化の楽しみ方」の次元から語られてしまうような気がしています。本質的には，K-POPファンではなくても日本人であれば朝鮮と日本の歴史には向き合うべきであるわけです。「K-POPファンである以上は歴史を学ぶべきである」という言い方は，K-POPファンが文化の消費をして歴史問題を無視する傾向があるという意味では間違っていないと思うし，自分自身もK-POPファンを含む人たちに読んでほしいと思いながら書いたのですが，これだと，「K-POPファンではなかったら歴史に向き合わないのか」ということになってしまう。韓国文化をひとつの入り口にしたモヤモヤ本のアプローチも大事だと思いつつ，そもそもK-POPファンでなくても向き合うべき問題なので，自分でもちょっとモヤモヤしています。

滝波：そうですね。わたしが興味を持った入り口が韓国ドラマなのですが，そもそも韓国のカルチャーに興味を持っている人にしか問題提起が届けられていないのではないかとモヤモヤしていました。では，

99

同じく K-POP が好きな藤田さんはどうですか。

藤田：ゼミで勉強していることを友だちに話すと，「K-POP，好きだもんね」と言われることが多く，そのたびにモヤモヤを感じています。そのときに，「うーん……」しか言えない自分にもモヤモヤしてしまいましたが，「K-POP が好きかどうかは関係なくみんな学ばなければいけないことだと思うよ」と伝えられるようになりたいと思いました。

問題とどのように向き合うのか

藤田：先ほど考え続けていくことが大事だというお話がありましたが，もし加藤ゼミに入っていなかったら，わたし自身も「モヤモヤ本を読んでわかった」で終わっていたような気がします。これからも考え続けていくということを忘れないようにしたいなと思いました。

滝波：本を読んで満足してしまってそこで終わりではなくて，いかにそこで終わらせずに，それこそ実際にフィールドワークに行ってみるとか，ほかの本を読んでみるとか，モヤモヤを人と共有してみるとか，行動に移すことが重要なのだと強く感じています。では朝倉さん，コメントいただけますか。

朝倉：まず3年生のみなさんが，モヤモヤ本を読んで自分自身の加害性や特権性に気づけたと話してくれたのが，すごくうれしかったです。モヤモヤ本だけじゃなくて，ゼミで学ぶなかで当事者意識がつくられていったというのもとても共感できます。

　藤田さんから，現在どういう活動をしているのか質問がありましたが，わたしは特にジェンダーの問題に関心があるので，日本軍「慰安婦」問題解決のための活動や，最近では反性売買の活動などに取り組んでいます。それは，日本軍「慰安婦」問題を学んだことによって，日本軍「慰安婦」問題と現在の性売買が根本的な部分，つまり，女性を搾取しているという点でつながっていると考えたからです。そういうこともゼミでの学びがあったからこそ感じられることですし，ゼミ

での学びを今の活動にも活かしていきたいと思っています。

滝波：朝倉さんは学部ゼミにも参加していただいているのですけれど、活動を通して感じたモヤモヤなども共有してくれています。社会運動をしている方がまわりには少ないので、現場からの声を届けてくださっていることで毎回勉強になっています。

　沖田さん、一言いただけますでしょうか。

沖田：まずはみなさんの発表を聞いて、すごく素敵で学びの多い時間を過ごしているのだなと感じました。問題意識を持って、実際に自分たちの目で見に行くことをしているからこそ、今の3年生のみなさんは歴史問題について深く考えたり、こういうイベントを企画するなどの活動につながっているのだろうなと思いました。

　本への反応から生じたモヤモヤについてですが、どうしても歴史問題って「こういう考え方もあるよね」とか「こういうとらえ方もあるよね」と言われがちです。"歴史（ヒストリー）は「ストーリー（物語）」である"と言われることがあります。でも、その史実は実際にそこに人がいて、その人が受けてきた被害や、事実として起こったことがあるわけです。認識の差としてとらえられがちですが、研究成果に基づいた本を読んだり実際に現場に行ったりすることで、事実をしっかりと探求し続けることが大事なのだと思います。

　今の活動についてですが、わたしは社会の現状に対してなにか取り組みをしていくような仕事に就いているわけではありません。滝波さんから「卒業後にどうやって向き合っていくのか」という話がありましたが、自分自身も葛藤していることでもあるのです。わたしにとってはこの場に来ることや、国立市で「表現の不自由展」があったときに足を運んでみるとか、問題意識を持って知ろうとし続けることもひとつの方法ではないかと思っています。

滝波：ゼミの先輩方は大学院に進学する方が多いのですけれども、沖田さんは就職されたので、会社員の視点からどうやって問題に向き合うかはとても参考になるお話でした。

加害の歴史を教えること，学ぶこと

（ゲスト：平井美津子さん）

日本社会で加害の歴史をどう伝えていったらいいのでしょうか？中学校教師の平井美津子さんを再びお招きし，現役学部生とモヤモヤ本著者が一緒に考えました（イベント「モヤモヤ本のその先へ〜みんなで話し合う「日韓」のモヤモヤ〜」〔2022年11月19日，一橋大学，オンライン併用〕の後半。当時の学年等は座談会「ゼミの後輩たちは『「日韓」のモヤモヤと大学生のわたし』をどのように読んだのか」と同じ）。

日本軍「慰安婦」問題と日朝関係史を教えて

滝波：ゲストの平井さんに，教師として「慰安婦」問題を教えていくなかで耳にした生徒の声や，ご自身が感じているモヤモヤについてうかがいたいと思っています。平井さん，よろしくお願いします。

平井：「平井さんが感じてきたモヤモヤってなにかありますか？」と聞かれて，モヤモヤっていうような感覚をわたし自身はこの本が出るまではあまり感じてきていなかったのですが，「そうか……。わたしがいろいろ心のなかで葛藤してきたことは，モヤモヤって表現できるのかな」と思って，今日は三つほどそのモヤモヤの話をさせていただこうと思います。

　わたしが教えている子どもたちも，BTSが好きとか，お菓子のトゥンカロンを買いたいとか，文化を消費するみたいな，自分たちが見

たいところだけを見るところがあって，そういう子たちに韓国や朝鮮民主主義人民共和国を学校でどうやったら教えていけるのかと考えてきました。わたし自身は必ず「慰安婦」を教えてきましたが，わたしができる「慰安婦」の授業はたった1時間です。ですけれども，「慰安婦」をトピックス的に扱うのではなくて，近代の日本が朝鮮にどのようなことをしてきたのかを理解する授業が必要になると考えて，日朝関係を教えてきました。しかし，残念ながら，中学校の歴史教科書の植民地支配の記述は本当に薄いのです。「1910年＝韓国併合」みたいな，年号を覚えるのが歴史と思っている子たちが多いので，植民地になるとはどういうことなんだ，自分の国が植民地にされたらどういうふうに民衆の生活が変わり，社会が変化し，自分たちはどう扱われていくのか，そこがわからないと，「植民地にして朝鮮半島は潤ったんだ，良くなったんだ」というような言葉に絡め取られていってしまうので，そういうところも含めながら「慰安婦」問題に取り組みます。戦争のところだけで扱うのではなく，戦後補償まで見据えて考えたいのですが，日韓基本条約に関しても，最もシェアの多い東京書籍の中学校歴史教科書の記述は「韓国とは，1965年に日韓基本条約を結び，韓国政府を朝鮮半島の唯一の政府として承認しました」（2020年3月24日検定済）で終わりなのです。ではその日韓基本条約っていったいどんな中身なのか，これがわからないとやっぱり今の「慰安婦」問題にしても「徴用工」問題にしても理解できません。

　また，朝鮮民主主義人民共和国に関しても「核兵器の開発を進めるとともに，人権や主権を無視して多数の日本人を拉致したことが明らかになった北朝鮮との関係は，難しい問題です。」と記され，これを読むと朝鮮民主主義人民共和国に対してネガティブな感情しか持てないと思います。だから教科書に日本と朝鮮半島の関係をもっと詳しく書くように求める運動などもしてきました。

どうして国を背負うの？

平井：わたしが「慰安婦」問題を教えて，ぶつかる感想が次のような ものです。日本軍が朝鮮や東南アジアでやってきたことは許されるべ きことじゃないと一応加害は認めながら，もうそういうことを引きず り続けるのはいいんじゃないかとか，日本はそれなりに（2015年の） 日韓「合意」で償いをしているのに韓国側がそれを踏みにじっている， といったことを書く生徒がいます。わたしが今まで教えてきた生徒た ちのなかに，特に男子で，進学校に進むような子たちに多い反応で す。わたしはこういった感想を前に，この男子たちはネットでこうい う情報をググったり，『反日種族主義』とかを読んでいる子たちなのか なと思いながら，一概に否定するということはしません。でも，「ど うして国を背負うの」，「あなたたち一人ひとり，個人としてこの問題 を考えてほしいけれども，なんかすごく政治家みたいな発言をするよ ね」と言って，わたしから話しかけるようにしています。「慰安婦」問 題を教えると，こういうことが多いのです。日中の問題ではほとんど ありませんが，日韓の問題ではあるんです。

　それから，沖縄の基地問題を教えるとこういう意見が出てきます。 沖縄の基地は必要だ，日米安保を結んでいる限りはどこかに基地を置 かなければならない，地政学的に沖縄は重要なところで，台湾有事で 中国が攻めてきたらどうするんだって。これも政治家的な言説にとら われているのですけれど，やっぱり結論は，だから沖縄の人たちには 申し訳ないけれども我慢してもらいたい，と。こういう発言に出会う と，朝鮮半島の人たちや沖縄の人たちに対して，無意識の差別感覚を 持っていると思わざるをえません。このあたりを，わたしはどんなふ うに話していったらいいのかなというモヤモヤを感じています。

　そこで最近「慰安婦」と一括りにして話をするのではなくって，一 人の生身の女性，一人の人間の人生として子どもたちに考えさせる，

ないしはその人が受けた被害から人権問題として考えさせるアプローチが必要だと思って，宋神道さん（日本軍「慰安婦」制度の被害者で在日朝鮮人）の人生まるごとを教える授業をしています。

どうして政治家が介入してくるの?

平井：それからふたつ目としてわたしがここのところ一番モヤモヤしているのは，こういう授業になると政治家が介入してくることです。2018年に共同通信でわたしのことを取材した「憲法マイストーリー」という記事が配信され，その後，あちこちの地方紙に掲載されました。すると現在の大阪府知事，当時大阪市長だった吉村さんがその紙面に対する批判的なツイートをしたのです。吉村さんのフォロワーって何万人といるので，「この先生の学校の前でデモしてもいいよね」とか，かなり脅迫めいたリツイートが付いて，ひろがっていきました。わたし自身の学校や教育委員会にも非難の電話やFAXなどがくるという事態が起きました。

　わたしが一番こたえたのは，明後日は校外学習だというその夜に「○○中学校の校外学習を潰す」という脅迫状が届いたことです。このときは残念ながら校外学習を中止せざるをえないという状況に陥りました。「慰安婦」を教えることがなぜそこまで攻撃されなければならないことなのだろうと，悶々と苦しみました。これまでもいろんな攻撃はありましたけれど，やはり安倍首相が登場して以降の「慰安婦」という言葉に対する異常なまでの反応が，ひしひしと感じられました。

　でも攻撃をされたからといって，わたしには教えないという選択肢はありません。それでもずっとモヤモヤしている。たとえば南京大虐殺や沖縄戦の集団自決を教えることに関しても，反応はありますが，「慰安婦」問題に対しては行政の側の過剰な反応を強く感じます。

　先ほど教えないという選択肢はないと言ったのですが，闘っている

105

という意識からではなく，あった事実を事実として教えることが歴史の教師の務めだと思っているからです。攻撃した側は教えなくなることを望んでいるわけですが，教えないことは楽かもしれません。今ほとんどの中学の教科書に「慰安婦」記述はありません。学び舎と山川出版社にしかないのですが，シェアが少ないのです。教科書にない以上，教えなくてもなんら問題はありません。でも教えないという選択肢はないというのは，自分の意志で教えないのではなくて，教えることにためらいを感じさせられる状況のなかで，節を曲げさせられる自分を許せないからです。だから，ずっと教え続けてきました。

「慰安婦」問題を教えること

平井：それでも「慰安婦」を教えるときはドキドキします。「平井先生はへっちゃらで，いつでも自信を持って『慰安婦』を教えている」と思っている方がけっこういらっしゃるでしょうが，平静ではいられない自分を感じます。また攻撃されるのではないか，と思っている自分にモヤモヤしてしまうのです。これが三つ目です。

　攻撃されたときに，わたしは校長先生から，「二度と『慰安婦』を教えないでください」と言われました。わたしは，「そんなことはできません。外部からの教育に対する不当な介入に，先生は屈するんですか。そんなことに屈していたら，すべての先生に波及していきますよ。政治家たちがこの問題を教えさせたくないなと思って，攻撃すれば教えないという前例ができていくじゃないですか。それができたときに，教育の正当性や学校の教育課程の編成権を担保できますか」と抵抗しました。結局，そのときは中1に行かされ，物理的に教えられなくさせられました。「教えるな」，「教えません」にはならなかったわけです。

　その後，転勤した学校では3年間中3を持って，ずっと「慰安婦」を教えています。不思議な話だと思うのですが，現在の教師不足にも

起因しているようです。だから，管理職は平井が「慰安婦」を教える
であろうとわかっていますので，かれらもドキドキしています。

　何度教えても，授業するときにはどういう授業にしよう，どんなふ
うにアプローチをしていこうかとすごく考えます。授業が成立するに
は子どもたちと人間関係ができているかどうかがひとつの前提となり
ます。

　ところが，中3を3回続けて教えたということは，その子たちとは
1年限りの付き合いになります。しかも「慰安婦」を教える時期は5
月くらいなので，4月に「初めまして平井です」と言ってからひと月。
人間関係なんてほとんどできてないですよね。そんななかでやっぱ
り，すごく不安になります。今どきの子どもたちって，先生たちのこ
とをググってるんです。4月に授業に行ったときに，「平井先生，グ
グったらいっぱい出てきますね。なんかいろいろなことやってるんで
すね」「やってんねんけど，まあまあそれはおいといて……」みたいな
感じでお茶を濁しました。でも，子どもたちがそうやって情報に接し
ていたら，「平井先生はどんな先生か」だいたいわかってくるので，「あ
んたら，ググったときに平井先生，本書いてるとか，『慰安婦』問題や
ってるとか，出てきたやろ。『慰安婦』問題の授業をやろうか」って言
うと，「ウオーっ」とか言ってけっこう反応してくれるのです。「『慰安
婦』問題だー」と言って，けっこう前向きに取り組んでくれます。そ
のときに出る感想を読むと，授業だけでなく，その子たちが置かれて
いる状況も如実に表れてくるのです。ですから，どんな理解に達した
のかを知るだけでなく，そこから子どもたちの現状を考えるものとし
て感想を読んだりもします。

　中学校には内申というのがあります。どんな感想を書けば平井先生
は良いように思ってくれるかと子どもたちも考えています。だからわ
たしも「平井先生が気に入りそうな感想っていう書き方じゃなくって，
ほんまに正直な感想をわたしは知りたいんねんよ」と話します。する
と子どもたちの多くは「慰安婦」の人たちに寄り添った思いを書きま

す。どこまでわかっているかな，という思いもあります。そして，あと数人が，先ほど紹介した感想とか，つらい過去のことを勉強するよりこれから楽しいことを一緒にやっていくほうが仲よくなれるんじゃないのって書きます。BTSとか自分たちの好きな音楽とか文化について書く生徒もいます。ただ多くの生徒は，日韓は仲が悪くていいと思ってはいません。隣国だから理解し合いたいという気持ちを持つ子たちはとても多いです。

　授業をやったあとの感想はみんな名前を消して子どもたち全員分，配って読んでもらいます。子どもたちは人がどう考えているかについては，一生懸命読むのです。他人の意見に接することが授業とともにやっぱり大切なのではないかな。他人の意見に接することで，同じように考えている子がいなーって思ったり，それから自分はこう考えていたけどそうじゃないかなとか，そういうことにぶつかったり……。

　感想を書いてもらうとすごくいっぱい書きます。男の子だったら，自分がもし戦場に行ったら，こういう「慰安所」を利用するようになってしまうのだろうかと書く子もいますし，女の子のなかには被害者の金学順さん，姜徳景さんや宋神道さんたちが自らカミングアウトしたことに対して，リスペクトの言葉を書く子たちもいます。今，もし戦争になったら同じことが起きるのだろうかという，今の戦争の問題ととらえる子もいましたし，「先生，ウクライナではどうなん？　やっぱり性暴力は起きてるの？」というような声もあったり……。やはり今の問題とつないで考えてほしいし，考えていくことができる問題だと確信を持っています。

学びをひろげる

平井：考えれば考えるほど，モヤモヤが増えていくって言われます。その増えていくモヤモヤを話せる仲間をどれだけつくっていくか，そ

figure 9　神戸の「表現の不自由展」（2022年9月）で展示された「平和の少女像」

撮影：朝倉希実加

ういう仲間づくりというものをすごく考えますよね。

　2019年の年末，わたしはソウルに行きました。日本軍「慰安婦」問題に関する展示をしている「戦争と女性の人権博物館」を訪ねたのですが，クリスマスイブなんかに行ってね，だれもいてな

109

いと思ったら，たくさんの若者が来ていました。びっくりしました。若者同士が展示を見ながらいろんな会話をしている。日本ではこういう景色ないよな，って。そもそも日本にそういう博物館は wam（アクティブミュージアム女たちの戦争と平和資料館）しかありません。とてもいい展示をしているのに，その存在がひろく知られていないことが残念なのですが，韓国には「戦争と女性の人権博物館」があって，そこに「平和の少女像」がある。被害を受けた女性たちの写真も並んでいる。そこで立ち止まりながら，その女性たちに思いを馳せることができる場所が，韓国の若者たちにはあるんだ。なんで日本には wam しかないのか，とても悔しかったり，腹立たしかったり，情けなかったり……。

　植民地から連れてこられた「慰安婦」以外に，日本から連れて行かれた「慰安婦」がいるわけです。でも，日本人の「慰安婦」で名乗り出た人は数名ですよ。日本の場合は韓国と比べても性暴力を告発できる社会のキャパシティが乏しく，遅れていることをとても感じます。だ

からこそ，この「慰安婦」問題を，現代につながる女性の性暴力の問題と絡めながら教えていきたいと思います。

そして，ゼミの外でどう振る舞えばいいのか。モヤモヤ本がひとつの形だと思います。こういったイベントをしていくのもひとつの形だと思います。それから，もうすでにされていますけれども，韓国の若者と日本の若者とが交流していくようなことです。今年の夏，神戸で「表現の不自由展」があったのですが，そのときに朝倉さんと初めて直にお会いしました。すごくうれしかったのです。そういう，自分たち自身が社会的な活動，運動にコミットしてつながっていく。沖田さんは，「社会の現状に対してなにか取り組みをしていくような仕事に就いているわけではありません」（本書101頁参照）と言われましたが，そんな人のほうが多いのです。そういう人たちが，自分たちのいる場所で，なにか日韓の問題が出てきても，変な方向に持っていかれそうになったときに，「いや，こんな取り組みをやっている」とか「こういうふうなこと，やっている人たちもいるよ」なんてことが言えたら，話がネトウヨ的な方向に流れていくのを押し戻したりできるのではないかと思います。

それともうひとつ，教師になってこういう授業をしてほしいな，と。それから研究者になって，大学で加藤先生がされているようなことをひろげていくというのもありだと思います。わたしは若い方とは年齢が違いますけど，モヤモヤ本を書いた方々や3回生（3年生）の方々と一緒に，同じ学び合う仲間としてここに座らせていただきました。今日は本当にありがとうございました。

声をあげることへの戸惑い

滝波：平井さん，ありがとうございました。では，平井さんのお話をふまえて，ここにいる3年生とモヤモヤ本の著者たちから，意見や感想，質問を出していきたいと思います。根岸さん，どうですか。

根岸：わたしがとても印象に残ったのは，平井さんに対してすごく強い人というイメージがあったのですが，やはり戸惑ったり，ためらうことがあるとおっしゃっていたことです。平井さんもまた，モヤモヤされている。そのことに驚きました。わたし自身も社会のなかで強く振る舞ったり，声をあげることが，正直怖いと思います。だから，平井さんのお話にとても共感しました。

　たとえば，ゼミで朝鮮史を勉強していることをバイト先の人に言うと，否定的な反応をされることがあります。そういうまわりの人たちが発する朝鮮蔑視的な発言に接したときに，うまく声をあげられない。抗うことができない自分にモヤモヤすることがありました。自分が学んできた過程でつくりあげてきた問題意識を基盤に，どのように振る舞えばいいだろうかと考えていました。

　その点に関して，平井さんが変な方向にいかないように発言することが大切だとおっしゃってくださったことが，しっくりきました。強く声をあげるというよりも，方向性を示す，周囲の人たちの考えというものを少しでも変えるようなきっかけをつくることができればいいのかなと思いました。

平井：わたしこそ，これだけのモヤモヤを大学時分に思ってなかったなと反省しきりです。わたしが若かった頃そういうことについてあんまり考えなくてもいい社会情勢だったのかな，今のほうが，日韓問題などでも歴史否定論が影響力を拡大するなどとても厳しい情勢になっているのかな，と思いました。ただ，そういうものをスルーして生きている人たちが多いですよね。スルーをしない生き方って，苦しいのかもしれません。でも，その苦しいことを乗り越えられるかどうかわからないけれども，一緒に苦しんだり，怒ったりしていくことが，ちょっとずつでも社会を変えていくと思うのです。

滝波：根岸さんと同じようなことをわたしも感じています。このゼミで勉強していることをまわりの人に言うと，「すごいテーマについて勉強しているねー」と言われるのです。自分としては，ジェンダーや

アメリカの奴隷問題を専攻している人たちと同じ感覚で，人権問題について勉強していると思っています。でも，まわりの人からは「なんかちょっと違う路線のことを勉強しているね」ととらえられてしまうのです。でも，どうしてこのテーマを勉強することがこんなにも大変なのだろうかとモヤモヤしています。それを教える側に立っている平井さんはもっと大変なのだろうなと思います。なんだか，とても窮屈ですね。

　そう思いながらも，「すごいテーマについて勉強しているね」と言われたときになにも言えない自分がいて，モヤモヤが重なってしまう。あとから振り返って，あのときどうすればよかったんだろうかと，自分一人で反省会を開くことがあります。今日この場で，平井さんの実際のモヤモヤについて話していただいたことは，これからの自分にとってもすごく糧になると思います。

藤田：わたしも平井さんのように活動されている方は，自分とは違うと思っていたのですが，社会にこの問題を伝えていくのが怖いとか不安だということを言い訳にしないで，少しずつでも状況を変えられるようなことをしていきたいと感じました。

「有害な男性性」と家父長制

滝波：モヤモヤ本の著者のみなさんからコメントをお願いします。

熊野：国家を背負った意見を主張する男性の話はとても印象的でした。大学の友だちのなかにも，国家を背負った政治家みたいな発言をする人が少なくありません。すごくマッチョなものであると感じます。その対抗策として，平井さんは授業で，日本軍「慰安婦」問題が人権問題であることを打ち出しているのだと思います。それが大事だと思いますし，自分自身も人と話すときには「人権問題なんだ」ということを強調します。でも，人権という言葉があんまり響いていないと感じることも少なくありません。人権問題の重み，その感覚を，ど

うやったら伝えていけるのかと考えています。

　今，米国にいて，世代によって異なるかもしれませんが，人権問題を話すことがとても日常的なことなのです。日本にいると気後れしちゃうのですけれど，こっちにいるとまったくそういう感じがしません。ジェンダーに対してもそうだし，歴史認識に対してもそうです。日本社会のなかで，そうした問題を話しても当たり前だという感覚をひろげられたらと思います。政府や歴史否定論などに抗議するのは当然のことで，一人の人間としてそれをやるべきことが当たり前になる社会をつくっていけたらなとあらためて感じました。

滝波：人権問題であると伝えてもそれが響かないというのは，自分自身も直面することがあります。平井さんいかがでしょうか。

平井：今，熊野さんが「マッチョ」という言葉を使ったのですけれど，まさしくそうだなと思います。やっぱり家父長制の考え方からなかなか抜けていないというか，今時の子たちにもかかわらず家父長制を背負っている，その残滓がずっと残っているのは，LGBTQの授業をやったりするときでもそういった発言が見受けられるから，決して「慰安婦」問題だけで解決するのではなくて，いろいろなアプローチがいるなぁ，と思います。2021年から使われている中学校の公民の教科書にようやくヘイトスピーチが登場するようになりました。本文だけではなくコラムでも出てくるのですが，まだまだ不十分な記述です。

　京都の宇治にウトロ地区というところがあって，最近，ウトロ平和祈念館が開設（2022年4月）されましたけれど，その館の開設前（2021年8月）に放火事件が起きました（本書161〜163頁参照）。放火した若者はウトロの祈念館が税金を使ってつくられているとか，不法占拠しているとか，全部フェイクなのですけど，そういうネットのヘイトスピーチを見て，強行したのです。わたしはヘイトスピーチについて，公民の人権の授業で1時間かけて教えました。教師という立場から言えば，どのようなアプローチをしていくことで子どもたちの人権意識や，家父長制的な考え方であるとか，そういったものを揺さぶること

ができるのかを考えているのですけれども，まだまだ敵は手ごわいなという感じがします。

日本社会の人権意識

牛木：平井さんにご紹介いただいた一部の生徒の反応は，モヤモヤ本に寄せられた一部のコメントと被る部分があると思いました。わたし自身もゼミに入る前にはそのように考えている部分があったのです。たとえば，日本社会には朝鮮に対する蔑視感情があるという説明を聞いたときに，「韓国の人たちが汚いとか，頭が悪いなどとは思っていないのに，なんで蔑視しているって言われるんだろう」と思っていたのです。でも今になってみると，相手の顔を見ていない，あるいは侵略戦争や植民地支配の問題が相手側の人生の話だと見ていない，それは，相手のことをどうでもいいと思っていて，尊重していないことですよね。そういうものも含めて蔑視と言うべきだと思います。

　それから，今韓国に留学していて思うことは，こちらで議論されていることは，日本の状況とは一段階どころか，何段階も違うのではないかということです。民主主義や人権がなぜ重要でどのように守っていかなければならないのかについて徹底的な議論がされていて，民主主義が崩れてしまうことに対する危機意識が常にあります。もちろん，韓国のなかにもいろいろ問題はあると思うのですけれども，日本との差を強く感じます。日本では，人権や民主主義と言ってもぼんやりとしていて，あまりその中身は考えられていないように感じます。日本社会でマジョリティとして過ごしていると，そうした問題を深く考えずに済んでしまう状況があると思うのです。

　歴史に関する議論ですと，日本社会ではそもそも植民地支配の加害性や犯罪性自体が受け入れられていない状況にあるわけですが，韓国では，どうしたら歴史をもっと継承していけるか，といった問題について話し合います。日本の若者とはギャップがあると痛感していま

す。

沖田：今の牛木さんの話に関連するのですが，最近法務省のウェブサイトに「人権は日常の思いやりの心によって守られるもの」と記されていることを知り（現在は削除），衝撃を受けました。「日常の思いやり」という一人ひとりの自己責任で人権を守るのは倒錯しています。ですから日本のこのような状況のなかで，平井さんが中学生に人権の視点から歴史を教えていることの意義の深さを感じました。

　また，問いを持つことの大切さを思いました。中学生の感想のなかで「自分が戦場に行ったらどうするのか」とか「自分の立場だったらカミングアウトできるのかな」という問いがありましたが，そのうえで被害者がどんなふうに生きてきたんだろうか，などとどんどん問いが重なっていくのでしょう。それこそが子どもたちの認識に揺らぎを与えるものだろうと思います。

　今，わたしの立場でできることは，身近なところで，そういう問いを発したりとか，揺らぎを生み出す存在になることなのかなと思いました。実は，自分がそうした存在になるためには，「確固たる自分」でいなきゃいけない，などと恥ずかしながら考えていたのですけど，今日，平井さんも葛藤しながら教えていらっしゃるというお話を聞いて，すごく勇気づけられました。自分も自分の立場でできることをやっていきたいなと思いました。

日本社会の課題

朝倉：わたしも，平井さんがためらったり，葛藤を抱えながら日本軍「慰安婦」問題を中学生に教えていると聞いて，とても共感しました。わたし自身もまだ短い期間ではあるものの社会的な活動に関わってきたなかで，その活動が攻撃の対象とされることがありました。たとえば「表現の不自由展」のスタッフとして参加したときも会場の外ではヘイトスピーチが激しく飛び交うような状況でした。反性売買の活動

も大変な攻撃を受けています。本来であれば闘う必要がないのに，今の日本社会では，闘わなければいけない，強くなければいけない。そういうことが，当たり前のようになってしまっています。でも，それってすごく変なことだと思っています。本当は，攻撃がない状況であれば強くなくていいし闘わなくていいはずです。

　それから，本の出版や関わっている運動や活動に対して，友だちから「すごいね」と言われるのですが，他人ごとのように言われているような気がしています。「自分とは関係ないけど，そういうことをやっていてすごいね」という感じです。そういう活動ができなかったとしても自分ができることをしていければいいし，自分自身の問題として考え続けることが大切なのではないかと思っています。

李：平井さんのお話を聞いて思ったことは，歴史が政治問題化していることの問題性です。政治家が自分の特権性を保つために，歴史を利用していることが問題だと思いました。

　生徒の反応でご紹介いただいた，〈もう過去にこだわらなくていのではないか〉というような意見は，韓国側でも一部に見受けられます。「暗い歴史にこだわるよりも前進しよう」といった意見が一部にあるのです。そのような形で歴史が政治に利用されることもあって，大変な問題だと思っています。

　沖縄の話もしてくださいましたが，米国を頂点とした軍事戦略，そのなかでの日韓の連携という現実の政治の問題があるように思います。そうした軍事的・政治的連携を維持する論理として，歴史の歪曲が行われ，政治的に利用されているのではないでしょうか。

おかしいことはおかしいと言う

滝波：最後に平井さんからも一言いただければと思います。
平井：こういう状況を打開しようと思ったらモヤモヤしていることを言語化していく，問題点はなにか掘り起こしていく，そしておかしい

ことに対しては理屈で対抗していく。そのおかしさがなんなのかということを理論的に掘り起こして，そのおかしさをなんとかおかしくない方向に持っていけるように，社会を変えないといけないですね。社会変革というとすごく大それたことのように思えるけれど，とどのつまりはおかしいことはおかしいと言う，ということです。その行動に関しては千差万別で，実際に運動していく人もいれば，自分の足元のところでまわりの人たちに話をしていくのもありだと思うのです。

　今，わたしも道徳の授業をやっていて，思いやり思いやりっていう言葉ばっかり出てきます。けれど，わたしは思いやりで世の中はよくはならないよ，思いやりを持てるのは自分の近くにいる人たちに対してだけで，自分がまったく面識もないような遠いところの人に思いやりを持てと言われても，それは難しいよ，と話しています。だからこそ，その思いやりを持たなければならない状況というのはどこからくるのか，それを解決するための方策はなんなのかということを分析していく。やっぱり「知」なんですよね，「学問知」というのがそこで有効になってくる。一般の社会のなかで，学問から離れたところにいると，そういうものとなかなか触れる時間はないけれども，まさしくみなさんが今，研究されている「学問知」が社会を変えていくと思うのです。また変えていくための力にならなあかんと思うし，わたしも一緒にやっていきたいと思っています。今日はモヤモヤ本をつくった先輩，そして頼もしい現役の学生のみなさんとお会いできて，話を深められて本当にありごさいました。

滝波：これからの自分に対して応援のように感じました。素敵なメッセージありがとうございました。

117

取り消された毎日新聞・大貫智子氏の署名記事

熊野功英

　2023年2月，モヤモヤ本Ⅰをとりあげた毎日新聞政治部記者・大貫智子氏の署名記事「韓国文化を楽しむなら加害の歴史に向き合うべきか」（「政治プレミア」2023年1月15日付）が削除，すなわち取り消しとなりました。いったいなにがあったのでしょうか？

　この記事で，大貫氏は，コロナ禍を経て日韓のあいだで相互の往来が活性化し関係改善が進んでいると指摘しました。一方，「気になる動き」として「一部の日本の若者の間で，『韓国文化を楽しむには日本の植民地支配への反省が必要だ』という考え方が一定の支持を得ている」とし，「文化を楽しむにも，加害者と被害者という構図にとらわれなければならないのか」と提起をしました。

　大貫氏が指摘する「日本の若者」の動向は，モヤモヤ本Ⅰが加害の歴史と向き合うことを提起し，多くの読者を得たことを指しています。ただし植民地支配への反省が必要だと主張するにあたって，モヤモヤ本Ⅰは「韓国文化を楽しむには」という条件づけはしていません。

　次に，大貫氏は，2022年11月に当時の学部3年生のゼミ生が主催したモヤモヤ本Ⅰに関する学園祭のイベントにおける3年生の発言を引用しています（第2章「座談会　ゼミの後輩たちは『「日韓」のモヤモヤと大学生のわたし』をどのように読んだのか」参照）。

　そのうえで，大貫氏は，モヤモヤ本Ⅰについて「結論がバランスを欠いている」という匿名の「日韓関係の専門家」の言葉を引用して批判したり，「参考文献が日韓の左派系識者の著書に偏って」いると述べました。他人の著作を批判する際に，匿名で批判するのはアンフェアです。また，参考文献の著者について根拠なく「左派系識者」と決めつけていることは非学問的で不誠実な主張です。

　さらに記事の後半では，日本の加害責任を免責し，日本軍「慰安婦」

問題の被害の実態を歪曲している韓国の朴裕河氏（本書68頁参照）の発言を紹介しています。ここでとりあげられている朴氏の主張は，1990年代以降日韓のリベラルが連帯して日本の戦争責任を法的に問うことにこだわるあまり，元宗主国と元植民地という関係にとらわれすぎていたのではないか，というものです（2022年8月の毎日新聞のインタビュー）。

　以上をふまえ，大貫氏は日韓「両国とも過去の歴史にとらわれすぎず，対等なパートナーとして接することが重要ではないかと思う」と結論づけています。

　大貫氏の主張のように，加害国と被害国という圧倒的な非対称性があるなかで加害国の側から，日本の責任を無効化する意図で「対等なパートナー」として付き合っていこうと主張することはきわめて暴力的です。また，「韓国文化を楽しむなら」という条件づけをして論点を設定していることも問題です。楽しむか否かにかかわらず，加害の歴史と向き合うことが必要です。

　なお，大貫氏は本記事の執筆にあたって，著者側に一度も直接の取材をしませんでした。また，2022年11月のイベントは対面・オンライン併用形式で実施しましたが，大貫氏はオンラインで視聴しただけで，ゼミ側への直接の取材は一切していません。批判する際にその当事者に直接取材することは重要です。一方的な批判だけが掲載された場合，批判された側は反論の機会を与えられていないわけですし，記事の読者は批判された側の見解を知ることはできないからです。

　このように重大な問題を抱えた記事でしたので，ゼミ内で協議したうえで，指導教員の加藤先生が毎日新聞社に抗議の申し入れをしました。その結果，「取材に不十分な点があった」ことを認め記事を取り消し，政治部長と社長室広報担当が一橋大学に来校し，わたしたち著者とゼミ生に対して直接謝罪しました。しかし，今なお大貫氏からの経緯説明や謝罪はなく，わたしたちの抗議に対する大貫氏の見解は明らかではありません（詳しい経緯は加藤・吉田 2023，大貫氏の記事の問題点は加藤 2023を参照）。

『「日韓」のモヤモヤと大学生のわたし』の刊行は，わたしたちにとってどんな経験だったのか？

わたしたち著者にとって，モヤモヤ本Ⅰの刊行はどのような意味があったのでしょうか？　また，新たにモヤモヤ本Ⅱ（本書）をつくろうと考えた背景にはなにがあったのでしょうか？　みんなで振り返ってみました（2023年5月2日韓国・ソウル。当時の学年等は，朝倉：修士2年〔韓国留学中〕，李：博士1年〔韓国に研究滞在〕，牛木：修士3年，沖田：会社員2年目，熊野：修士2年）。

モヤモヤ本Ⅰを振り返る

熊野：久しぶりにモヤモヤ本Ⅰの著者5人全員が集まりました。2022年春から会社員になった沖田さんはちょっとひさしぶりです。まずはモヤモヤ本Ⅰの出版を振り返ってみましょうか。2021年7月の刊行だからほぼ2年前だけど，沖田さんはどうですか？

沖田：当初は出版がゴールだと思っていたんだけど，刊行記念イベントやメディアの取材もあったし，たくさんの反響をいただいて，出版後のほうが，モヤモヤ本Ⅰの活動が自分のなかで大きくなっていったかな。わたしはモヤモヤ本Ⅰではあまり文章を書かなかったのだけれど，イベントや取材で話す機会が増えたので，「自分はこういうことを考えていたんだ」と整理できるようになった感じがします。

李：自分もモヤモヤ本Ⅰを書いてみなさんと意見を共有したり，読者

から感想をいただくなかで，自分の問題意識が確立したと感じています。自分の活動の軸が確立した貴重な機会だったと思います。

熊野：まったく同感です。本を書く前は普通に歴史を勉強しているだけだったけれど，モヤモヤ本Ⅰを書きながら「あぁ，自分はこれを一生やっていくんだ」という気持ちになりました。モヤモヤ本Ⅰがあったから大学院に行こうと思ったし，ここで終わりたくないな，と。

それから，K-POPや韓国ドラマなどの韓国文化が好きな人たちに届かなければ意味がないと思っていたんですけれど，一方でどこまで注目してもらえるのか不安もありました。でも実際に出してみたら予想以上に韓国文化ファンのあいだでひろがりがありました。韓国文化ファンに焦点をあてたことは，現代日本の歴史認識を考えるうえで，すごく重要だったのではないかと感じています。

朝倉：わたしも，本を書くことで今まで自分がどういうふうに考えてきたのかを整理することができました。最初は見向きもされないんじゃないか，と思っていたけれど，予想以上に本が普及して，Twitterなどでも反響がありました。自分としても「加害の歴史や差別の問題などの話をしていいんだ」と思えた。それまでは，ゼミ以外の場で友だちと話すときには遠慮してしまっていた部分もあったけれども，「この人だったら話せるかも」という人が少しずつ増えていきました。

熊野：朝倉さんはSNSのインスタグラムでも，取り組んでいる社会運動のことを積極的に発信しているよね。

沖田：前は「ゼミ以外の場では話しづらいな」と言っていたけど，今は運動に参加したり発信をしていて，そんな感じじゃないよね（笑）。

一同：（笑）

牛木：わたしがモヤモヤ本Ⅰをつくろうと思ったのは，自分は，日本の加害の歴史や差別の問題について十分にわかっていないと感じていたからです。本をつくることで自分自身の認識を深めたかったのだと思います。それから，本を出すことで社会的な責任が生じたと感じています。特に，モヤモヤ本Ⅰを読んでくれて，社会運動を「一緒にや

ろう」と声をかけてくれた人たちがいて，そこに呼応していく形で，「活動を自分がしていく」という主体性ができてきたと思うのです。

沖田：〈自分の人生，こっちの方向で行くんだな〉と思った，という話があったけれど，その点ではわたしは大学院には行かない選択をしたし，この問題と関わり続けていたいという気持ちはありつつも，「難しいな」と感じていたことも事実です。でも，この本があることによって，つながっていられた感覚があったのはとってもありがたかった。2022年秋の一橋祭（学園祭）のイベントのときにゲストの平井美津子さんに「久しぶりね」と言っていただけたことで，「あぁ，関わり続けていていいんだな」と感じました。

熊野：読者にとっても，モヤモヤ本Ⅰが歴史や社会の問題と関わる媒介になったんじゃないかな。今までの日本と朝鮮の歴史問題に関する本ってもともと問題意識を持っている人のあいだでしかひろまらなかったのが，この本は韓国文化ファンにも受け入れられて，そうした人たちと社会運動の世界をつなげる端緒になったのかなと思います。

それから，モヤモヤ本Ⅰをつくったとき，真面目なことをやってはいるんだけれど，一方で「みんなでつくっている」感じ，「行事」や「サークル活動」のような感覚，楽しさや充実感があったんだよね。もちろんこうした実践は第一義的に，被害者の人権であったり，その問題の解決のためにおこなったりするものだから，軽い気持ちで，楽しさのために活動しているわけではないんだけれど。自分が主体的に社会変革に取り組んでいる充実感と言えばいいのかな。

沖田：自分が正しいと思えることをしているのは，すごくいいな……。わたし自身は，今の仕事はとても好きだし，大事なことだと思ってやれているから，それ自体はすごくありがたいのだけど，社会に出ると，自分の信念を貫いて仕事をすることって難しいと思うんだよね。「正しいと思う」の度合いがあるとして，100％のうちの51％ぐらいでもなんとか自分を納得させて仕事を前に進めていかなきゃいけないって場合も，きっとあると思う。だけれども，モヤモヤ本Ⅰの企画

に関しては一切そういうふうに思うことはなかった。

熊野：すごくわかります。結局自分も正しいことをやりたい。今言ってくれたことが，「あぁ，自分はこれをやっていきたいんだ」という感覚につながっている。それから，若林さん（第1章「『「日韓」のモヤモヤと大学生のわたし』と出会ったわたし」参照）が，モヤモヤ本Iを読んだことで〈この研究室だったら勉強できる〉と思ってうちの大学院に進学してくれました。一緒に研究する仲間が増えたのは本当にうれしかったし，本を書いた意味を強く感じた点です。

朝倉：今のゼミの学部4年生（第2章「ゼミの後輩たちは『「日韓」のモヤモヤと大学生のわたし』をどのように読んだのか」参照）もモヤモヤ本Iがあったからこそ入ってくれた人が多いよね。逆にわたしたちのほうが勇気づけられているよね。

熊野：一方で，モヤモヤ本Iは大手メディアではまったくと言っていいほどとりあげられなかったんですよね。取材はいろいろなところからあったけど，基本的にはウェブメディアやミニコミ誌，社会運動系の新聞でした。それらはもちろんとても大事でうれしかったけれども，日本社会の現実を感じたところでもあった。

なぜモヤモヤ本IIを出すことにしたのか？

熊野：では，なぜモヤモヤ本IIを出そうと思ったのかについて話しましょうか。まずひとつは，自分たちは歴史問題について学習や活動を続けてきたのだけれど，その「継続」をモヤモヤ本IIという形で可視化することが大事だと思ったんです。

それから，モヤモヤ本Iの刊行後に情勢が大きく変わりました。モヤモヤ本Iが出版されたときは世間的には「日韓関係が悪い」と言われていた時期で，歴史に対して正義を求める韓国側と「解決済み」と言っている日本という構図でした。ところが，その後，日本は岸田政権に，韓国では尹錫悦政権になって，「日韓関係が良くなった」と言わ

れます。2023年3月には「徴用工」問題について韓国側から賠償肩代わり案のような形で「解決」しようという動きがあったなかで，たぶん多くの人は「仲が良くなった」と感じているんじゃないでしょうか。でも，実際は侵略戦争や植民地支配の被害者の人権回復はなされていないし，なにも問題は解決していないのに「解決」したかのように見えてしまっている。この状況に問題があることを伝えたくて，モヤモヤ本Ⅱをつくる必要があると思いました。

李：今の話にもつながりますけれど，わたしの場合はモヤモヤ本Ⅰに参加するなかで，加害責任を果たしていないという日本側の課題について，韓国人である自分がどうやって関わっていけばいいのかというモヤモヤを感じたことがありました。ところが，尹錫悦大統領が「日本はすでに数十回にわたって我々に歴史問題について反省と謝罪を表明しています」（2023年3月21日）とか，「100年前に起きたことのため，日本政府がひざまずいて謝罪するべきだという考え方は受け入れられない」（4月24日）と発言しました。韓国の政権が，「過去のことは忘れていい」と主張し，韓国社会の一部でもそれに賛同する人が出てきています。つまり，これまで日本側で起こっていた加害責任を無視したり矮小化したりする動きが，韓国でも本格的に出てきているんです。それにはいろいろな背景があるのですけれども，今，韓国社会にも「このまま過去を忘却していいのか」というようなモヤモヤが生じる環境がつくられつつあるように思います。さらに，そうした韓国側の状況が，日本にも影響を及ぼすのではないでしょうか。尹大統領の発言を聞いて，「もう解決だ」「和解したんでしょう？」という意見が日本社会でますます強くなるんじゃないか。つまり，日本社会ではこれまでのような「どうして韓国は過去にこだわるの？」といったモヤモヤすら生じにくい状況になってきているように感じています。そうした情勢を受けて，モヤモヤ本Ⅱをまたぜひ出したいな，と思いました。

牛木：わたしの場合は，モヤモヤ本Ⅰをきっかけに声をかけてもらっ

て新しい活動をしていくなかで，そこで聞いた話や考えたことをちゃんとした形で発信することが必要だと考えていました。モヤモヤ本Ⅱを通じて自分の認識や活動のひろがりを伝えたいと思いました。

朝倉：この２年間，わたしたちも大学院に進学したり就職したり，それから留学した人もいるのですが，そのなかで新しくモヤモヤしたことっていっぱいあると思うんですよね。モヤモヤ本Ⅰを読んでくれた読者も，いろいろなことに直面したのではないでしょうか。ですから，Ⅱではもっと踏み込んだ話ができたらと思います。

毎日新聞政治部記者・大貫智子氏の記事取り消し事件

熊野：2023年１月15日に『毎日新聞』（政治プレミア）に，政治部記者・大貫智子氏の署名記事「韓国文化を楽しむなら加害の歴史に向き合うべきか」が掲載されました。事件の概要はコラム「取り消された毎日新聞・大貫智子氏の署名記事」に書いたとおりで，わたしたちにまったく取材をせずに記された内容もひどいものでしたが，大貫氏は常に取材を疎かにしているわけではなく，ふだんはおそらくきちんと取材をしているのでしょう。たとえば，2021年11月の記事では，モヤモヤ本Ⅰを簡単に紹介したうえで，本書などを課題図書とした静岡県立大学のゼミの合宿の様子を紹介しているんですね。このときも，書店主催のモヤモヤ本Ⅰのオンラインイベントに参加しただけで，わたしたちには連絡も直接の取材もなかったんですが，大貫氏はそちらの大学のゼミ合宿にまで参加して取材していて，ある学生のインタビューまで掲載されています（大貫「韓国文化好きが増えれば歴史問題は解決するのか」『毎日新聞』［政治プレミア］，2021年11月28日）。要するに，わたしたちには直接取材する必要がないということで，率直に言ってバカにされていると感じました。なお，2021年の記事も，全体としてモヤモヤ本Ⅰの主張を間接的に批判するものでした。

朝倉：削除された今回の記事では，当時の３年生が主催したイベント

125

に関する記述が本当にひどいと思いました。記事全体として、3年生に対して無知で浅はかな考えを持っている学生という印象を与える書き方でした。当時の3年生は大手新聞社から「つるし上げ」を受けた、恐怖を感じたと話していました。メディアの権力性に対してまったく無自覚に書いていると思いました。

李：現役学部生が登壇することもあって、イベントは相当に登壇者の安全に気を遣っていましたし、そのための注意事項を参加者のみなさんにお伝えしていました。大貫氏はそのことは把握していたはずです。特定可能な形で学生の意見を勝手に掲載し根拠なく批判したことは、学生のプライバシーや安全を脅かすものでもありました。

朝倉：「3年生女子」という特定可能な書き方でしたね。「女子」と明記していた点にも違和感を覚えました。「韓国文化ファンの女子」に対する日本社会の偏見を利用して、主張を貶めようとしているんじゃないか、という意見もありました。

熊野：この記事はわたしたちの抗議により「取材に不十分な点があった」との理由で削除されることになったのですが、まず、記事が掲載された段階で、モヤモヤ本Iの読者を含む多くの人たちがSNSなどで加害の歴史と向き合うべきであるという批判や抗議をしました。モヤモヤ本Iの公式ツイッターで記事の主張の問題点を指摘したうえで、記事掲載にあたり一切取材がなかったことを明らかにしました。そうしたら、どなたかはわからないのですが、モヤモヤ本Iの読者の方が、毎日新聞社の窓口に当事者に直接の取材をせずにイベントの内容を勝手に載せたのは問題なのではないか、と抗議してくれたようなのです。そのおかげもあって、わたしたちとしても事前に取材がなかったことの重大性をよりいっそう認識し、ゼミのみんなで相談したうえで、指導教員の加藤先生が毎日新聞社に記事の不当性や事前に取材がなかったことについて抗議の申し入れをしたわけです。

朝倉：そうでしたよね。この記事が出たときは、どう考えてもおかしいことだと感じつつも、ゼミ内では新聞社に抗議できるようなことな

のかと躊躇してしまっていたように思います。あとになってから、「いざ攻撃を受けると、その不当性を言語化するのって案外難しいと感じた」とみんなで話しました。読者のみなさんの声があったからこそ、直接抗議することができたと思います。

熊野：はい。最初の頃は「また変なことを言っているよ」という程度に思っていたのですが、読者のみなさんが熱心に抗議してくださったおかげで、問題の重大性をより認識できました。おかしいことに対しておかしいと言うことの大切さをこれまで自分たちは言ってきたのですが、今回、自分は読者のみなさんの言動から、諦めずに抗議することの大切さを学ばせてもらったと感じています。

　抗議の結果、まず、取材が不十分だったことを認め、当該記事が削除されました。そのうえで、政治部長と社長室広報担当の方が来校して、わたしたち著者やほかのゼミ生に謝罪し、自分たちからの意見を聞く時間を設けました。そこでは、記事の形式や取材の手続き的な問題だけではなく、主張や歴史認識の問題性についても意見をお伝えしました。

　印象的だったのは、面談の場で政治部長の方が、わたしたちの話を聞いたうえで、大貫氏がきちんとゼミ側に取材していればあのような論理構成で記事を書けなかったはずだと認めたことです。そうなんです！　取材していれば、あのような記事は書けるはずがありません。

　問題なのは、大貫氏からの謝罪がなかったということです。それから「取材に不十分な点があった」というだけで、どのような意味で「不十分」なのかは明らかにされていませんし、経緯の説明もありません。削除したことを伝えるウェブページから大貫氏の名前は削除されて、だれが書いた記事だったのかわからなくされてしまいました。

沖田：わたしはみなさんが LINE グループでこの問題について相談しているのを見ていただけだったのですが、なにか行動すると、それを押さえつけようとする圧力が強いという、日本社会の問題を象徴するような出来事だと感じました。

熊野：大貫氏の記者としての資質が問われるという意見も出されていましたけれど，一方でこれは大貫記者個人だけの問題ではありません。大貫氏の主張の背景には「65年体制」を維持・強化しようという政治的な動きがあるわけです。日本の植民地支配責任を免責し，日本と韓国の交流を推進する。もっと言えば，アメリカの東アジア政策のなかで，日米韓の軍事的連携を強化する。そして，その政治的な効果としては，朝鮮民主主義人民共和国に対する牽制があるわけです。

　記事で朴裕河が引用されていることは象徴的でした。朴裕河は，日本軍「慰安婦」制度の実態を歪め，加害責任を無視して日韓の「和解論」を提起してきました。このような立場の「和解論」では，植民地主義を批判する韓国側の主張に対して，「民族ナショナリズム」とのレッテルを貼って，日本を許すべきだという主張が繰り返されてきました。日本の「リベラル」系の知識人もそういう主張に迎合してきたわけですが，そのような流れのなかに今回の大貫事件があるわけです。

牛木：大貫氏は，4月6日に尹錫悦大統領と岸田首相の首脳会談を評価する記事を出しました。「韓国はよく対応した」みたいなニュアンスで書かれていたのですけれど，削除された記事のなにが問題だったのかについて，大貫氏としても新聞社としてまったく理解していないんだろうと感じ，怒りを覚えました。毎日新聞社も含めて日本の言論状況全体が加害責任を無視する方向に傾いています。

熊野：4月6日の記事の主張に問題があることはもちろんですが，本人が謝罪することもなく，たった2か月で「復活」したことには，驚いたというより，呆れたとの声があがっていましたね。

　削除された記事に関するまわりの人の感想としては，主張以前の問題として「こんな低い水準の文章が通っちゃうの？」というものが多かったんです。新聞社がやることのレベルではないという意味です。一方で，そういう低いレベルであっても日韓関係の話であれば書いてもいいと思われているということですよね。日本の加害の問題は相当に軽視されているわけです。

第3章
モヤモヤからわたしたちが
出会った朝鮮

第3章では，わたしたちが日本や韓国の現場を歩きながら出会った歴史や人びとについてとりあげます。「日韓」という枠組みではとらえきれない朝鮮人や朝鮮史について，じっくりと考えてみたいと思います。

在日朝鮮人と日本人のわたし

牛木未来

真の連帯ができているのか

　在日朝鮮人への差別と聞くとなにを思い浮かべるでしょうか？　日本政府が朝鮮学校を「高校無償化」から排除していること？　極右のヘイトスピーチ？　これらはたしかに重大な問題です。しかし，それがすべてでしょうか。多くの人は，差別しているのは国家や一部の右翼だけで，わたしたち市民はそのような差別とは無関係だと考えているのではないでしょうか？

　モヤモヤ本Ⅰを書いてから，同年代の在日朝鮮人学生とともに，日本社会で在日朝鮮人の歴史と現状を知らせるさまざまな活動に参加するようになりました。そのなかで，強く記憶に残っていることがあります。あるイベントに，在日朝鮮人のアイデンティティに関心があるという，わたしたちと同年代の人が参加したのです。在日朝鮮人の権利運動に関わる日本人支援者の多くは高齢者となり，若い世代はきわめて少ない状況があります。そうしたなかで，在日朝鮮人の学生たちは，同世代が参加したことをとても喜んでいました。

　しかし，イベントのなかで「在日朝鮮人差別を解消するためになにができるか」というテーマでディスカッションをした際に，その同年代の人は「日本人と朝鮮人，互いに親近感を持つことが重要だ」と言いました。さらに，イベント後の懇親会で天皇制に対する批判が出された際には「過去に大日本帝国のために被害を被った人びとの気持ちはわかるが，今の日本は民主主義的であり，多くの日本人が親しんで

いる天皇制を批判することは筋違いだ」と主張していました。

　日本が植民地支配責任を果たさず，民族教育の権利保障を含む過去の清算を実現できておらず，今なお在日朝鮮人への差別と抑圧を制度的・構造的に続けているなかで「互いに親近感を持つ」だけで問題を解決できるのでしょうか。「今の日本は民主主義的」と言って過去と現在を切り離したりしていいのでしょうか。それは，わたしたちの責任を不可視化し，現状を温存・強化する言説にほかなりません。

　天皇制は朝鮮への侵略を支えたものであり，在日朝鮮人差別の根源というべき存在です。植民地支配の際，天皇の朝鮮人への支配はむしろ恩恵だとして正当化されました。敗戦後も，日本はアメリカと手を組んで天皇制を廃止せず，天皇がアジアの人びとに与えた被害に対する責任をとることはありませんでした。そのため朝鮮人に対する差別と同化の暴力は現在でも日本社会において正当化され続けています。ですから，天皇制への批判を封じようとすることは朝鮮の人たちにとって暴力的な行為なのです。

　その場にいた在日朝鮮人の学生たちは，かれに対し，天皇制がどのように現在も在日朝鮮人差別をつくりだしているのかを繰り返し説明しなければなりませんでした。結局考えを変えなかったかれの言動は，差別被害者に説明を求め徒労感を強いるものです。差別構造を解体するために自分たちの責任を果たしていこうという考えとは正反対だと言えます。

　わたしが活動に取り組むなかで，このような出来事は繰り返し起こりました。たとえば朝鮮学校でボランティア活動などに携わる日本人が，活動のなかで「朝鮮学校は日本の学校とたいして変わらない」「朝鮮学校の生徒はとてもいい子で，朝鮮学校の教育方法はすばらしい」のだから差別をしてはいけないと言うことがあります。しかし，朝鮮学校の歴史や，在日朝鮮人の子どもたちにとって朝鮮学校がどのような場所であるかということをふまえると，これらの発言には問題があることがわかります。

在日朝鮮人の法的地位について

　朝鮮学校，そして在日朝鮮人の置かれた状況を正確に認識するために在日朝鮮人の法的地位について確認しておきましょう。在日朝鮮人には，主に日本の外国人登録における国籍欄に「朝鮮」と「韓国」と表示されている人（一般にはそれぞれ「朝鮮籍」「韓国籍」と呼ばれることが多いが，実情を考慮して，以下では，それぞれ「朝鮮」表示，「韓国」表示），日本国籍の人がいます（金誠明 2021）。

　まず「朝鮮」表示・「韓国」表示について説明します。日本の朝鮮植民地化によって朝鮮人は強制的に「日本国籍」とされ，1945年の解放以降も在日朝鮮人は「日本国籍」とされていました（ただし日本政府は1945年12月に在日朝鮮人の選挙権を停止するなど日本人とは別扱い）。朝鮮解放後の1947年に日本政府は外国人登録令を制定し，当時は「日本国籍」であった朝鮮人を「外国人」とみなす矛盾した措置をとり，在日朝鮮人の「国籍」欄には「朝鮮」と表記することにしました（「朝鮮」表示）。その後，1948年に大韓民国が成立すると韓国国籍を取得する人が現れ，その場合には「国籍」欄に「韓国」と記されました（「韓国」表示）が，この時点では日本政府は「朝鮮」表示・「韓国」表示はともに表記の問題であり，在日朝鮮人の国籍は日本であるという論理で日本による在日朝鮮人に対する支配を正当化しました（鄭栄桓 2017）。

　1951年から日韓国交正常化交渉が開始されますが，在日朝鮮人の国籍は一律に韓国籍とすることが想定されていました。しかし，在日朝鮮人による韓国籍一律付与への反対運動が大きかったこと，さらに植民地支配によって生じた請求権の問題に関して日韓両政府の主張が噛み合わず，日韓の交渉は難航しました。結局，在日朝鮮人の国籍についての問題も未解決のまま，サンフランシスコ講和条約が発効（1952年）します。朝鮮人は日本国籍を「喪失」し，外国人登録法が制定されました。日本政府は在日朝鮮人＝韓国籍という解釈をとったわけですが，「国籍選択の自由」を認めるべきだという在日朝鮮人からの批判

があったため，批判をかわすために外国人登録上で「朝鮮」表示を残すことは「許可」するという「便法」を用いました（鄭栄桓 2017）。

　ここで押さえておきたいのは，日本政府の見解では「韓国」表示が韓国国籍を示すものであるのに対して，「朝鮮」表示は国籍を示すものではなく単なる記号だということです。これは日本が韓国のみを朝鮮半島に存在する国家として認める一方で，朝鮮民主主義人民共和国（以下，共和国と表記）を認めず，共和国国籍を承認していないためです（鄭栄桓 2017）。

　しかし，そもそも在日朝鮮人の国籍は朝鮮半島側の国内法ならびに在日朝鮮人本人の意志決定によって決められるべきものであり，日本の外国人登録上の「国籍表示」によって左右されるものではありません。しばしば「朝鮮」表示者が「無国籍」であるかのような説明がなされますが，それは日本政府の見解にすぎません。なお，「朝鮮」表示者に対しては，韓国国籍を取得して「韓国」表示へと書き換えるよう圧力がかけられました（鄭栄桓 2017，金誠明 2021）。また，厳しい差別の結果，日本国籍を取得せざるをえなかった人びとも存在します。

在日朝鮮人の祖国と国籍

　上記のような経緯で，在日朝鮮人のなかに「朝鮮」表示者・「韓国」表示者・日本国籍の人が存在することになりました。一方，このような法的地位によって在日朝鮮人の祖国認識が確定できるわけではありません。特に，日本での共和国に対する敵対意識の強さから「在日朝鮮人は共和国を支持しているわけではない」という考え方が支持されることがありますが，この言説は実際に共和国を祖国と考える在日朝鮮人の存在を無視しているものと言えます。共和国を祖国と考える背景には，同国が朝鮮人民共和国（解放直後の1945年に樹立が宣言された全朝鮮人統一の国家であったが，米軍政に否認された）を踏襲しているという見方があります（小林 1991, 1996，金誠明 2021）。そして，韓国が米軍政の力のもとで朝鮮南部の一部の人びとに投票させて建設され

た国家であるため、「朝鮮」表示者が韓国国籍を取得しない選択をする場合もあります。法的地位にかかわらず、自らの祖国をいまだ存在していない「統一された朝鮮」と考える人や、韓国を祖国と考える人びとも存在します。

上記のような法的地位・祖国認識の違いや韓国への渡航の是非をめぐり、在日朝鮮人のあいだで葛藤が生じることもあります。そうした葛藤は、在日朝鮮人自身がつくりだしたものではないことを強調しておきたいと思います。たとえば在日朝鮮人のうち、日本国籍を取得した人とそうでない人のあいだに生じる葛藤は、そもそも日本政府や日本人が、日本国籍を取得しなければならなくなるほど差別・抑圧をしているために生じるものです。そして「朝鮮」表示を維持する人と「韓国」表示に変更する人のあいだに生じる葛藤は、朝鮮分断を前提として「韓国」表示者を「朝鮮」表示者よりも優遇する日韓両政府の政策が引き起こす問題だと言えるでしょう。さらに共和国を祖国と考える人とそうではないと考える人びとのあいだに生じる葛藤も、植民地支配の結果としての朝鮮分断がもたらしたものです。

朝鮮学校の成り立ち

朝鮮学校の話に戻りましょう。日本は植民地支配のもと、多くの朝鮮人から土地やコメを収奪しました。その結果、朝鮮では貧困が進行し、多くの朝鮮人が日本への移住を余儀なくされました（モヤモヤ本I「日本人だと思っていたのに韓国人だったの」参照）。朝鮮で生まれ育った朝鮮人の子どもたちと同様、日本で生まれるか、幼い頃に日本に渡った朝鮮人の子どもも多くが教育を受けることができませんでした。また日本の学校に通うことができても、そこで朝鮮語を学ぶことはできませんでした。それどころか、朝鮮人は差別と日本人への同化の対象とされ、子どもたちに深い傷を残しました。日本の敗戦にともない植民地支配は終わりますが、在日朝鮮人の子どもの多くは朝鮮語や朝鮮に関するさまざまな知識を習得することができていない状態で

した。植民地支配のもとで日本がおこなった教育とは朝鮮人の民族性を抹殺しようとする政策であり、それによって多くの在日朝鮮人は自らの言語や歴史を奪われていったのです。

　戦後、多くの朝鮮人が朝鮮へ帰ることを試みました。しかし、在日朝鮮人が朝鮮に持ち帰ることのできる財産には大きな制限が加えられ、また植民地支配のもとでの搾取により朝鮮は大変貧しい状態になっていました。加えて在日朝鮮人の多くが日本に生活拠点を形成していたため、帰郷を断念せざるをえませんでした。

　しかし、当時日本に残った朝鮮人のあいだでは、将来的には新しく朝鮮に建設される祖国に帰国したいという考えが一般的でした。そのため、将来の帰国に備えて子どもたちに朝鮮語や朝鮮についての知識を教え、日本によって押し付けられた朝鮮人蔑視の価値観を克服することが必要でした（朴慶植 1983, 2000）。こうして朝鮮人の手によって日本各地に民族学校がつくられはじめます。厳しい差別のなかで、朝鮮人たち自身が知識、労働力や金銭、食料などを持ち寄ってつくった学校で、多くの在日朝鮮人の子どもたちが、初めて自民族の言葉で話しても攻撃されない空間で、朝鮮人であることを否定されることなく教育を受けることができたのです（金徳龍 2002）。

　しかし、日本政府は米軍と手を組みながら、朝鮮学校に対する弾圧を開始します。1948年1月には文部省が、在日朝鮮人は日本の法令に服さなければならないので、朝鮮人の子弟は日本人と同様に市町村立または私立の学校に通わせなければならず、また私立の小中学校の設置は学校教育法に従って都道府県監督庁の認可を受けなければならないという通達（1.24通達）を出し、在日朝鮮人が独自に民族教育をおこなう道が閉ざされました。そして同年4月には朝鮮学校を閉鎖せよという命令も発令されました。これに対して日本各地で在日朝鮮人たちは抗議運動をおこない、兵庫県では知事に閉鎖命令の撤回を確約させるという成果を収めました。しかし日本政府と米軍は武力を用いて朝鮮人の運動を弾圧し、当時16歳であった金太一少年を警察官が射殺

しました。また病気を抱えながら運動の指導にあたっていた朴柱範<ruby>朴柱範<rt>パクチュボム</rt></ruby>は逮捕された後獄中で病状が悪化し, 仮釈放直後に亡くなりました。これを4.24教育闘争と言います (鄭栄桓 2013,『朝鮮学校物語』日本版編集委員会 2015)。

　その後, 多くの朝鮮学校が閉鎖されました。さらに行き場を失くした朝鮮人の子どもの日本学校への入学を拒否する自治体も現れました。そこで日本政府は閉鎖された朝鮮学校を公立朝鮮人学校として運営することとしましたが, 東京を除く地域では日本学校の分校という形で運営されました。公立朝鮮人学校では朝鮮語, 朝鮮の歴史などは課外授業とすること, 課外授業以外の教育用語は原則として日本語とすること, 学校長は原則として日本人有資格者とすることが定められました。教壇に立つことができた朝鮮人はごく少数であり, ほぼ無給の状態に置かれていたと言います。

　1952年にサンフランシスコ講和条約が発効すると, 先述したように日本に存在する旧植民地国の人びとの日本国籍は「喪失」させられます。それにともない公立朝鮮人学校は廃止され, 朝鮮学校の運営は再び朝鮮人の手に渡ることになりましたが, 公的支援も存在しないなかで経済的な危機に陥っていました。在日朝鮮人たちは寄付などによりながら学校を維持するため大変な努力を続け, また1955年からは共和国からも奨学金が送られるようになりました。朝鮮学校差別に反対する人が「朝鮮学校と北朝鮮はなんの関係もない」と言うことがありますが, 朝鮮学校の学生・生徒・児童・園児や関係者には, 上記のような朝鮮学校の支援に感謝し, 共和国を祖国と考える人びともいます。

　共和国が朝鮮学校に奨学金を送る一方, 日本政府は1965年「朝鮮人としての民族性または国民性を涵養することを目的とする朝鮮人学校は, わが国の社会にとって, 各種学校の地位を与える積極的意義を有するものとは認められていないので, これを各種学校として認可すべきでない」との通達を出しました (『朝鮮学校物語』日本版編集委員会 2015)。在日朝鮮人や日本の一部の市民の運動の結果, 1975年には

すべての朝鮮学校が各種学校認可を地方自治体より受け，市町村からの補助金を得られるようになりました。しかし，最近ではそうした自治体からの補助金さえも打ち切られる傾向にあります。また日本政府は現在にいたるまで一貫して朝鮮学校の存在を認めていません。2010年の民主党政権期には，日本政府が日本の高校や高等学校程度の外国人学校の授業料の「無償化」を決定しましたが，朝鮮学校は「無償化」の適用を保留されました。さらに2013年に，自民党政権は朝鮮学校を「無償化」の対象とすることを完全に否定しました。この不当性を訴えるため，朝鮮学校に通う高校生たちが原告となり裁判を起こしましたが，結果は敗訴となりました。

　以上のように，日本は植民地支配によって朝鮮人が独自の民族教育をおこなう権利を否定し，解放後も在日朝鮮人の民族教育権を正当に保障したことは一度たりともありません。そのような状況下でまず求められているのは，在日朝鮮人が自主的に民族教育をおこなう権利を保障し，公的支援を含めてそれを実行しうる条件を整えることです。

137

　こうして見てくると先に紹介した「朝鮮学校は日本の学校とたいして変わらない」「朝鮮学校の生徒はとてもいい子で，朝鮮学校の教育方法はすばらしい」という発言の問題性は明らかです。朝鮮学校が「日本の学校と変わらない」から，「すばらしい」から差別に反対するのではなく，日本側が過去の植民地支配と現在にまでいたるその無反省によって在日朝鮮人の民族教育権を否定してきた歴史的経緯があり，その誤った歴史・状況を克服すべきであるからこそ，権利を認めるよう訴えるべきなのです。これらの発言は，朝鮮学校に対する「無償化対象になりたいなら日本の学校に入れ」「反日教育をおこなっている朝鮮学校を無償化対象にする必要はない」というヘイトスピーチとどれほど違うでしょうか。「無償化」の当否についての意見は異なるとはいえ，日本人が朝鮮学校の教育について「良い」「悪い」と一方的に判断しているという点で，根本的なところでは在日朝鮮人の自決権を否定する視点に立っているのです。

朝鮮学校（高校）在学時に「無償化」運動に携わっていたという在日朝鮮人の知人は，当時を振り返ってこう話してくれました。「街頭でビラ配りをしながら，朝鮮学校は日本の学校と変わらないのだから差別に反対してほしい，と言わなければならなかった」。日本人からの攻撃を少しでも和らげ，差別に無関心な日本人から支持を得るためには，こうした不本意な言葉を発しなければならなかったのです。

朝鮮学校の先生と子どもたち

朝鮮学校は，在日朝鮮人の子どもたちが自らのルーツ，歴史や言葉を学ぶことでアイデンティティを肯定的に形成し，人権尊重・反帝国主義といった意識を身につけるのに大きな役割を果たしています。差別と無関心，植民地支配に対する無反省の支配する日本社会のなかで，在日朝鮮人の子どもたちにとって，安心して生活し議論することのできる場として朝鮮学校は貴重な存在です。とある朝鮮学校出身者は母校について次のように語りました。「自分自身についてほかのだれかに問われ，それに答えるという，日本に暮らしていると際限なく繰り返される出来事に，朝鮮学校で過ごすと，ほとんど出会わずに子ども時代を過ごすことができる。私は幼稚園から高校まで，朝鮮学校に通ったので，同じ背景を持った大人たちに導かれ，同じ背景の友人たちと共に，少しずつ，ゆっくりと『民族性』というものが，肯定的なものとして身体に染み込んでゆく時間を過ごしたのだと思っている」（『朝鮮学校物語』日本版編集委員会 2015）。

ある朝鮮学校で歴史を教えている先生と話をする機会がありましたが，朝鮮学校教師の労働環境は非常に厳しいものです。国からの補助金は言うまでもなく地方自治体からの援助もままならなくなるなかで，通常業務・生徒一人ひとりのケアに加え，ヘイト対応や在日朝鮮人の権利を守るための運動といった業務もあるため，退勤後・休日も休みはほとんどありません。そのなかでも日本社会からの朝鮮学校への偏見をなくし，朝鮮学校がどのような場所なのかについて理解を広

め，在日朝鮮人差別解体のための行動をとる地域住民や日本人教師を増やそうと，日本学校との交流を企画することがあります。日本の市民と協力し毎年交流会を続けている学校も存在します。しかし，その先生は，忙しさの合間を縫ってやっと企画を実現しても，虚無感を感じることがあると言います。その理由については，日本学校の教師が「差別は良くない」「在日朝鮮人の権利問題は重要な問題だ」と口にするものの，「ただ自分の良心を確認し安心するために朝鮮学校が消費されている」と思わざるをえない場面があるためだと言われました。

　この話を聞いたあと，わたし自身も日本の高校で非常勤講師をしているため，ある朝鮮学校でおこなわれた教師交流に参加することになりました。教師交流では朝鮮学校の教員による授業を日本人教員が見学したあと，日本人教員が朝鮮学校の生徒に向けて授業をおこないます。その後，双方の教員が感想共有の場を持ちました。

　教師交流に参加しながら，違和感を感じ続けていました。その理由のひとつは，ともに参加した日本人教師の授業のなかには，構造的な問題であるはずの日本の植民地支配や民族差別の問題を，個人の関係に還元してしまい「日朝友好」を語っているように感じられるものがあり，「これを朝鮮学校の子どもたちに話していいのかな？」と思ったからです。そして，日本人教師が朝鮮学校の教師と議論をしてもその内容は「授業のし方」などの話に収斂してしまい，朝鮮学校を訪れ在日朝鮮人の生徒たちに授業をした経験を活かし，今後，どのように植民地支配の歴史について教え，行動するべきかなど，在日朝鮮人差別を解体するための議論にはなりませんでした。わたしにはどうしても，日本人教員側が無意識にではあれ「新しい授業の手法」を獲得するために朝鮮学校を利用しているように思えてなりませんでした。交流会後，朝鮮学校の先生から「ありがとう」と言われるたびに，差別を再生産させ続けている側であるわたし自身が，朝鮮学校にさらに負担をかけてしまっただけなのではないか，と恥ずかしさを感じてしまいました。

139

そもそも朝鮮学校の教員と日本人教員が授業の方法について対等な立場で語り合うことは，日本社会による朝鮮学校への抑圧が終わらない限り不可能なことだと思います。まず在日朝鮮人差別を解体するための議論が日本人同士でなされるべきではないでしょうか。そう考えるとき，本来教師交流は，朝鮮学校という空間が在日朝鮮人の子どもたちにとっていかに重要であるかを皮膚感覚で感じるための機会，在日朝鮮人としての人生を生きたことのない日本人にとって，想像の及ばない感覚に少しでも近づくことのできる貴重な機会だと思います。わたし自身も，朝鮮学校の生徒たちが日本による植民地支配の歴史を，周囲からの攻撃を恐れずに話している姿を見ながら「朝鮮学校がもたらす在日朝鮮人の子どもたちにとっての安全な空間とはこのようなことなのだ」という感覚とともに，日本学校に通う在日朝鮮人を含めたマイノリティの子どもたちの置かれたすさまじい抑圧が身に迫るような気がしました。そして，この教師交流の機会が，学校周辺地域を含めた日本社会全体から朝鮮学校が常に攻撃にさらされているという逼迫した状況をどうにか打破したいという朝鮮学校の差し迫った思いと負担のもとで成り立っていることをきちんと自覚する必要があると感じました。そうした思いに応えるためには，差別行動をしないよう植民地支配の歴史や在日朝鮮人が置かれた状況について学びを深めながら，日本の植民地支配責任を追及する人びとの輪を広げ続けることが必要です。本来であれば日本社会の偏見を解消するために朝鮮学校と在日朝鮮人に負担を強いるのではなく，なによりもわたしたち日本人が，現在までの植民地主義と差別に抵抗する運動から学び，主体的に運動を進めていくことが必要だと思います。そしていつの日か日本社会の民族差別を完全に解体したうえで，朝鮮学校と日本学校での交流ができたらと思うのです。

　朝鮮学校の生徒たちは，さまざまな場面で日本社会の生きづらさに直面します。先ほどの知人は高校まで朝鮮学校，大学から日本の学校に進学しましたが，何気ない差別発言，そもそも在日朝鮮人とはどの

ような存在かをほとんどの日本人が知らないという状況に愕然とさせられたと言います。朝鮮学校出身者の大学受験資格は非常に不安定です。先述のように日本政府が，朝鮮学校での教育を日本の高校に相当する教育課程として認めていないためです。わたしの大学の先輩の在日朝鮮人のなかには，センター試験が終わっても志望校を受験できるかどうかわからなかったという人もいます。また，公的財政補助を受けられないために高くならざるをえない朝鮮学校の学費の問題や，朝鮮学校に通うことで差別や攻撃の標的になるのではないかなどの懸念もあります。朝鮮学校に通う女子生徒が制服であるチマチョゴリ（朝鮮の女性用の伝統服）を切り裂かれる被害も発生し，学校の外でチマチョゴリを着ることができなくなるという事態もあります。

　このような状況のため，日本学校に子どもを通わせる保護者も増え，朝鮮学校はさらに財政的に苦しくなり，閉校を余儀なくされる学校が増えています。学校数が減ることで，家から遠くの朝鮮学校に通わなければならなくなりますが，通学時間が長くなるなどの理由で通学を断念する生徒もいて，生徒数がさらに減るという悪循環が生まれています。

日本学校に通う子どもたち

　日本学校に通う在日朝鮮人の子どもたちは，物心ついた頃から周囲の差別と無理解に常に怯えながら，ときに在日朝鮮人としての自分のアイデンティティを隠しながら生活しなければならず，そのため自分自身の存在を肯定できないケースも少なくありません。

　わたし自身も小学校から高校まで，在日朝鮮人の同級生たちがそのような葛藤，背景を持っていることをまったく知らずに過ごしていました。しかし今考えてみると，かれらが受ける授業はすべて日本語，自分たちの言葉や歴史を学校で詳しく学ぶことはできません。

　周囲の友だちからは「〇〇は日本人だよね」「日本人と変わらないよ」と言われたり，「いつ日本に来たの？　日本語上手いね」といった

141

歴史に無自覚な発言にもさらされます。差別に対して抗議をすれば「君は韓国人だからそんなことを言うんでしょ？」と返され，ともに怒ってくれる先生も友人もいません。

　わたしが高校生のときは新大久保でヘイトスピーチが非常に激しかった時期でした。あのとき同じ通学路でヘイトに怯える同級生がいたかもしれないのに，わたしは特に関心を持つことはありませんでした。今でも，学校が，そして社会全体が「朝鮮人である」ことを否定的にとらえ，「日本人であること」を強制することが，制度から個人の言動までさまざまな形をとって意識・無意識的におこなわれています。

　差別を免れるため日本名を使ったり，日本国籍を取得せざるをえないこともあります。そうした子どもたちと民族名・国籍を維持している子どもたちとのあいだに葛藤が生じることも少なくありません。

朝鮮で生きる在日朝鮮人，日本に生きる在日朝鮮人

　在日朝鮮人のなかには，日本社会での差別から逃れたい，自らのルーツのある地で生き，アイデンティティを取り戻したいなどの思いから，朝鮮に生活の拠点を移す人も存在してきました。1980年代までは在日朝鮮人が共和国へ帰国する「帰国事業」もおこなわれていましたが，もともと生活の拠点があり家族も居住する日本との行き来が難しく，現在事業はおこなわれていません。日本はいまだに共和国を国家として認めず，両国のあいだには国交がないばかりか，拉致問題や核問題を理由に共和国と往来する直行船便を不許可としたり，「朝鮮」表示者に対する日本再入国に大きな制限をかけたりしています。自らは他国へ侵略した歴史を否定しながら，朝鮮に生まれた国家を自らの基準で否認し，植民地支配の結果として在日朝鮮人が故郷と日本を往来することさえ難しくしているのが日本の現状なのです。

　そして，在日朝鮮人が韓国を含め日本以外の国を訪れることにもまた，さまざまな障壁が存在します。先述のような韓国建国の経緯を理

由に「分断体制上に成立している韓国には帰れない」と考える在日朝鮮人も多くいます。また，共和国と戦争状態にある韓国政府は在日朝鮮人の長期滞在はおろか，情勢によっては入国を認めないこともありえます。韓国に軍事独裁政権が敷かれていた時代には，留学などの目的で韓国に入国した多くの在日朝鮮人を共和国の「スパイ」として拷問し，数年から20年近く拘束することもありました。また「韓国」表示者の男性の場合，さまざまな条件や手続きをクリアしなければ兵役を課される恐れもあります。かれらは分断の壁に阻まれ，自らの故郷を訪れたり親戚と話をすることも難しいのです。

わたしの地元には，「帰国事業」記念碑が存在します。五郎丸聖子の著書によると，戦時期に軍事都市となり多くの朝鮮人労働者が強制徴用され連れてこられたこの地域に住んでいるある朝鮮人女性は，「帰国事業」で共和国に帰国した家族と韓国へ帰国した家族を持ち，再会を果たせていないそうです（五郎丸 2021）。「帰国事業」記念碑の存在，そして三つの国に分断されてしまった家族の存在を，わたしは20年以上この地域に住みながら知りませんでした。

一方1980年代に韓国が民主化を経て，反共を掲げる独裁政権が崩壊すると，韓国国内でも共和国について理解を深めようとする動きが活発になりました。それにともない，在日朝鮮人に対しても同じ歴史を共有する同胞としての共感が徐々に深まりました。そして，留学などを通して韓国に渡る在日朝鮮人は増加しました。

2022年夏，わたしはある韓国の市民団体が主催した，在日朝鮮人留学生と韓国人学生向けの青年キャンプに参加しました。済州島でおこなわれたキャンプでは，済州島を本籍地に持つ在日朝鮮人学生と実際に本籍地に行ってみる，という企画がありました。何人かの学生が，本籍地で親戚と会い，言葉を交わすことができました。

在日朝鮮人にとって，自らのルーツを確認することは非常に大きな意味を持ちます。日本で民族差別を受け，少しでも祖国を知りたいと韓国に渡った在日朝鮮人ですが，日本語を第一言語とし，文化などの

面でも生まれ育った環境が異なるため韓国でも差別を受けることも少なくありません。「なんで韓国人なのに韓国語がぎごちないの？」「なんで，いつまで韓国人だって言い張るの？」「なんで日本に帰化しないの？」などの言葉を受けた人もいます。そのような経験をした人は「自分を受け入れてくれる場所はどこにもない」と感じてしまいます。そのような経験もあるなかで，韓国に住んでいる親戚が「よく帰ってきたね」という言葉をかけてくれ，曽祖父や祖父について話してくれて，しかも，日本で生まれ育った両親の名を記憶し，族譜（家系図にあたる）に自分の名前が記されていた。それを目の当たりにして，故郷の人びとと自らとのつながりを実感し，共通する歴史の痛みを分かち合うこともできたそうです。

不正義に屈さない

　このような会話を耳にしたことがあります。「朝鮮学校の生徒が差別反対の最前線に立っていることを尊敬する」と日本学校出身の在日朝鮮人が発した言葉に対し，朝鮮学校出身の在日朝鮮人が「日本学校で苦労をしながらもアイデンティティを守り通したことを尊敬する」と答えました。互いをいたわる姿が強く心に残っています。生まれたときから日本国籍だった在日朝鮮人の別の友人は「家から通える距離に朝鮮学校がなく，朝鮮学校には通えなかった。また両親が日本国籍なので自分も日本国籍だが，それが苦しい。けれども投票できない同胞たちのために貢献したい」と語っていました。在日朝鮮人運動に取り組む韓国人留学生，韓国や共和国から在日朝鮮人と連帯しようとする人びとも存在します。朝鮮の人びとは今でも葛藤を抱えながら，差別と分断を乗り越え，「自分自身が何者であるのか」「不正義に屈さずに生きるためになにができるのか」を探し続けています。

　対して日本社会では，朝鮮分断を引き起こした日本側の責任を棚に上げ「差別など存在しない」「なぜ遠い過去の話に向き合わなければならないのか」という人たちが多数存在します。また差別をなくそうと

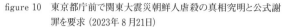

figure 10　東京都庁前で関東大震災朝鮮人虐殺の真相究明と公式謝
　　　　　罪を要求 (2023年 8 月21日)

提供：トルパプロジェクト

取り組む人びとに対して，「そんなことをしてもなにも変わらないよ」
と冷笑するだけで，現状を変えようとしない人も存在します。権力の
横暴を無視すること，冷笑することは不正義に屈することです。

　わたし自身はここに書いてきた人びとの話を聞いたり見たりしなが
ら，在日朝鮮人と同じ経験をしていない以上，その苦しさを同じよう
に感じることができないのだろうということも考えています。だから
といって，目の前で起こっている差別や不正義を見て見ぬ振りをする
ことはできません。問題に関わらなくてもいい，考えなくてもいいと
いうこと自体が特権であり，考えさせないようにする仕組みが日本社
会には存在します。そうした構造に屈しないためには，特定の職業・
専門分野を持つ人のみならず幅広い人びとが差別解体に取り組む必要
があります。そのために，読者のみなさんとともに学び，考え，行動
していければと思います。

145

100年前の東京で起きたこと

李相眞

関東大震災100周年を迎えて

　1923年9月1日午前11時58分，マグニチュード7.9の強震が関東一帯を襲いました。激しい揺れによって家屋は倒壊し，昼食をつくる時間だったため出火によって火災が発生しました。強風と水道の壊滅によって火災はますます大きくなり，東京では気温が46度にも達しました。その被害は，倒壊・焼失家屋約29万3000棟，死者・行方不明者10万人以上と言われています（加藤 2014）。この歴史的大震災を忘れないために，日本では9月1日が「防災の日」と指定されています。

　今年2023年は関東大震災から100周年を迎える年です。みなさんも関東大震災100周年を迎えて日本各地でさまざまな取り組みが実施されることを耳にしたのではないでしょうか。加藤ゼミのメンバーも今年の1月に関東大震災関連のフィールドワークをおこないました。東京都墨田区にある八広駅近くの荒川土手と横網町公園・復興記念館を見てまわりましたが，そこには追悼碑が建てられています。荒川土手に建てられている追悼碑の碑文は以下のような内容でした。

　　一九二三年　関東大震災の時，日本の軍隊・警察・流言蜚語を信じた民衆によって，多くの韓国・朝鮮人が殺害された。
　　東京の下町一帯でも，植民地下の故郷を離れ日本に来ていた人々が，名も知られぬまま尊い命を奪われた。
　　この歴史を心に刻み，犠牲者を追悼し，人権の回復と両民族の和

figure 11 　荒川土手の脇に建てられている追悼碑

撮影：李相眞

解を願ってこの碑を建立する。

　100年前の大震災のとき，植民地支配により生活の基盤を失って生きていくために日本に渡ってきていた朝鮮人がいましたが，多くの朝鮮人がその命を奪われたのです。みなさんはこの事実を聞いたことはあるでしょうか。わたしは知識としては知っていましたが，日本に来て勉強するまでは具体的にどういうことがあったのかわかりませんでした。震災下で異国の地にいた朝鮮人にはいったいどういうことがあったのでしょうか。そして，この事件は100年後を生きているわたしたちになにを問いかけているのでしょうか。

100年前の東京では……

　関東一帯を襲った大震災による混乱と恐怖のなか，「朝鮮人が火をつけた」「朝鮮人が井戸に毒を入れた」など事実無根のデマが聞こえはじめました。大震災の緊迫した状況のなかで，なぜ朝鮮人と関連するデマが登場したのでしょうか。これは，日本社会に朝鮮人に対する警戒と敵視が蔓延していたことに起因します。

　不平等条約のもとで朝鮮を開国させた日本は，朝鮮の掌握を目指して植民地化を推進しました。日清・日露戦争を起こし，朝鮮の主権を次々と剝奪していったのです。朝鮮人はこのような日本の植民地化推進政策に抵抗しましたが，日本側は軍事力によって朝鮮人の抵抗運動を鎮圧し，1910年に朝鮮を植民地化することに成功しました。

　しかし，植民地化以降にも朝鮮人の抵抗は続き，関東大震災の4年前である1919年には日本の植民地支配からの独立を求めた「3・1独立運動」が朝鮮全土にわたって発生しました。日本当局は朝鮮人を虐

殺するなど，再び武力を行使して運動を鎮圧しました。「3・1独立運動」は鎮圧されましたが，朝鮮人の抵抗運動は止むことなく，その火種は海外に波及していきます。

　中国上海では臨時政府が樹立され，満洲やロシア地域では武装闘争が繰りひろげられました。そのため日本政府は，朝鮮人の行動一つひとつに警戒の眼差しを向けました。なお，朝鮮独立を主張する者を「不逞鮮人」と呼んで敵視しました。
　　ふ ていせんじん

　特に，日本本国にいる在日朝鮮人はさらなる警戒の対象とされました。「3・1独立運動」の起爆剤となった「2・8独立宣言」は在日朝鮮人留学生が中心となって東京で発表され，「3・1独立運動」以後に在日朝鮮人運動はさらに活発化しました。また，過酷な労働条件と差別的な待遇に直面していた朝鮮人労働者は労働争議を起こしました。こうした在日朝鮮人運動の高揚を警戒していた官憲は日常的に朝鮮人を監視し，朝鮮人に対する敵視・蔑視思想を拡散させました。日本の民衆はこれに影響され，朝鮮人に対する偏見と差別観を内面化していきました。関東大震災時の朝鮮人に関するデマは，数十年間蓄積されてきた朝鮮人に対する「不信感」が爆発したものだったのです（姜徳相 2003，2014，山田 2008）。

　政府当局は，大震災により増幅した日本民衆の不満をそらすには朝鮮人暴動説が有効だと判断し，すぐに軍隊を配置しました。なお，9月1日夜までには戒厳令の発布を決定し，2日の夜に発布しました（姜徳相 2003）。そのうえ，内務省は「朝鮮人が各地で放火しているので厳しく取り締まってほしい」という趣旨の通牒を出してデマを公式に認定しました。警察官がメガホンを手にして朝鮮人への警戒を叫んだという証言も残されています（加藤 2014）。

　当局のこうした動きを目撃した民衆はデマを信じ込み，朝鮮人への敵対心は燃え上がりました。そこで，関東一帯では地域の有力者，在郷軍人会，青年団，消防団を中心として日本刀，竹槍，斧などで武装した自警団という組織が結成されました。官憲は自警団の結成を積極

的に支援し，軍が自警団に武器を貸与したりしました。こうして軍隊・警察・民衆による「朝鮮人狩り」は震災直後の９月１日の夜からはじまり，官憲と民衆は朝鮮人を無差別的に虐殺していきました。朝鮮人虐殺は，東京をはじめとして千葉，神奈川，埼玉，茨城，栃木，群馬など関東各地にひろがりました（姜徳相 2003）。

　自警団は街道の要所に検問所を設置して，通行人に「15円50銭」など朝鮮人には発音が難しい単語を言わせたりして，朝鮮人だと判断した場合にはその場で殺しました。以下は自警団による虐殺の証言です。

　　たしか三日の昼だったね。荒川の四ツ木橋の下手に，朝鮮人を何人もしばってつれて来て，自警団の人たちが殺したのは。なんとも残忍な殺し方だったね。日本刀で切ったり，竹槍で突いたり，鉄の棒で突きさしたりして殺したんです。女の人，なかにはお腹の大きい人もいましたが，突き刺して殺しました。私が見たのでは，三〇人ぐらい殺していたね。荒川駅の南の土手だったね。殺したあとは松の木の薪を持って来て組み，死体を積んで石油をかけて燃やしていました。今は川の底に埋められたけど，水道鉄管橋のあたりですね。大きな穴を掘って埋めましたよ。土手のすぐ下のあたりです［青木（仮名）］（ほうせんか 2021）。

　また，官憲による虐殺もおこなわれました。警備任務にあてられた軍と警察は「善良」な朝鮮人を「保護」するという名目で検束をしました。ところが，「善良」・「不穏」の判断は完全に官憲に委ねられ，検束に「非協調的」だと判断された場合は容赦なく殺されました。また，軍が朝鮮人集住地区を襲撃して無差別に射殺したことや自警団から引き渡された朝鮮人を殺した例もあります（姜徳相 2003）。以下のような証言は，軍隊による朝鮮人虐殺の様子を生々しく描いています。

　　一個小隊くらい，つまり二，三〇くらいいたね。二列に並ばせ

149

て，歩兵が背中から，つまり後ろから銃で撃つんだよ。二列横隊
だから二四人だね。その虐殺は二，三日続いたね。住民はそんな
もの手をつけない。まったく関知していない。朝鮮人の死体は河
原で焼き捨てちゃったよ。憲兵隊の立ち会いのもとに石油と薪で
焼いてしまったんだよ。それは何回にもおよんでやった［田中（仮
名）］（ほうせんか 2021）。

　「朝鮮人狩り」は９月２日から３日にかけてピークに達し，街中に
は死体が散らばっていました。そのなかには，朝鮮人だと誤解されて
殺された日本人もいました。また，排外主義に基づいて組織的に虐殺
された中国人労働者もいました。ただ，やはり虐殺の中心は，デマの
流布により警戒と敵意の対象となった朝鮮人でした。
　しかし，朝鮮人暴動は単なるデマにすぎなかったため，当然その実
在を確認することはできませんでした。当局にとっても大虐殺が見過
ごせない状況になっていました。そこで，官憲は方針を転換します。
警視庁は３日に「昨日来，一部不逞鮮人の妄動ありたるも，今や厳重
なる警戒に依り其跡を絶ち，鮮人の大部分は順良にして何等凶行を演
ずる者無。之に付濫りに之を迫害し，暴行を加ふる等無之様注意せら
れ度」と書いたビラを配布しました（警視庁『大正大震火災誌』1925年。
読みやすさを考慮して適宜句読点を補った。なお，「不逞鮮人」や「鮮人」
は植民地支配のもとで使われた差別語であり，不適切な用語だが，歴史性
を考慮して引用文中では原文のままとした。加藤 2014）。ところが，こ
うしたビラが出されたにもかかわらず虐殺は続きました。なぜなら，
ビラの内容からわかるとおり，官憲は大部分の朝鮮人が「善良」であ
るとしつつ，一部の朝鮮人による暴動は事実であるとデマを完全に否
定していなかったからです。
　当局は外国の目を意識してこれ以上虐殺を拡大させないために，朝
鮮人を隔離して「保護」することを決定します。かつて戦時捕虜を収
容していた習志野収容所などに朝鮮人を移送して収容するという措置

でした。官憲が朝鮮人を検束したことについては先ほど触れましたが，各地の警察署および兵営に収容されていた多くの朝鮮人が次々と収容所に移送されることになったのです。朝鮮人とともに中国人も護送されましたが，かれらは犯罪者のように針金で手を捕縛されていました。その過程で自警団の襲撃によって殺された例もあります。

　生き残って収容所に「保護」されることになった人びとは劣悪な環境に置かれ，命を失う者も少なくありませんでした。また，官憲は組織的に収容者を強制労役に動員しました。衝撃的なのは，収容所内で朝鮮人殺害がおこなわれ，軍が近所の村人に朝鮮人を「払い下げ」し，殺害させたという証言があることです。官憲は朝鮮人を「保護」すると掲げつつ，目の届かないところで朝鮮人虐殺を続けたのです。

　朝鮮人虐殺は9月6日に「朝鮮人に対し其の性質の善悪に拘（かかわ）らず，無法の待遇をなすことは絶対に慎め，等しく我同胞であることを忘れるな」との訓令が発表されたことでだんだん鎮まっていきました（姜徳相 2003）。ただ，6日以降にも「払い下げ」虐殺がおこなわれるなど，朝鮮人虐殺が続いたことを忘れてはいけません。

　それでは関東大震災下の朝鮮人虐殺はどれほどの犠牲者を生み出したのでしょうか。実は正確な犠牲者数はわかりません。司法省は死者233名と発表しており，朝鮮総督府は被害者数が832名であると発表しました。しかし，残された証言の数などを考慮すると，官憲が発表した被害者数はあまりにも少ないのです。官憲は朝鮮人虐殺を矮小化するため，死体を焼却して虐殺をないことにし，また徹底的な事後調査もおこないませんでした。上記の官憲発表は隠蔽工作の一環として発表されたものであると言えるでしょう。

　一方，朝鮮独立運動グループの機関誌『独立新聞』は独自の調査に基づいて6661名が犠牲になったと発表しています。この調査も官憲の妨害などによって全貌を明らかにすることはできなかったものの，犠牲者数の実数に近いと評価されています（姜徳相 2003，山田 2008）。

　このように数多くの朝鮮人が虐殺されたのですが，虐殺の主体がき

ちんと処罰されることはありませんでした。まず，デマを公式認定し朝鮮人に対する敵対心を煽ることで虐殺を主導した官憲の中枢は一切処罰されませんでした。しかも官憲はその責任を自警団に転嫁させました。自警団員は検挙されて裁判を受けました。ただ，官憲は犯罪行為が「顕著」な者のみを検挙する方針を打ち出すなど，その裁判は見せかけにすぎなかったのです。実際に，裁判でも無罪あるいは執行猶予付の軽い判決が下されることが大半でした。実刑の判決が下されたとしても，その後「特赦」の対象になるなど，朝鮮人虐殺の罪が問われなかった人も少なくありませんでした（姜徳相 2003，関原 2021）。

　朝鮮人虐殺は一段落したものの，その日の衝撃と恐怖は忘れられるものではありませんでした。在日朝鮮人および一部の日本人は，二度と悪夢が繰り返されないことを望んで追悼式や抗議運動をおこないました。しかし，当局の弾圧と住民の反発によってこうした動きは抑圧され，朝鮮人虐殺は日本社会で忘れ去られていったのです。

再現される悪夢

　日本社会で忘れられていた関東大震災下の朝鮮人虐殺は1960年代から本格的に研究がなされて注目されるようになりました。それにともなって，1970年代からは地域に根づいた証言の聴き取り作業が進むなど，朝鮮人虐殺の実状が徐々に明らかになっていきました。加藤ゼミでフィールドワークをした横網町公園内の追悼碑もこうした動きを反映して1973年に建立されたものです。それ以来，横網町公園では毎年９月１日に朝鮮人虐殺犠牲者の追悼式がおこなわれるなど，朝鮮人虐殺を記憶しようとする動きも活発になっています。

　しかし，その一方で朝鮮人虐殺を隠蔽しようとする工作は現在も続いています。「新しい歴史教科書をつくる会」とも深い関係を持っている工藤美代子は朝鮮人虐殺を否定する著書『関東大震災「朝鮮人虐殺」の真実』（産経新聞出版，2009年）を刊行しました。同書は虐殺を隠蔽・矮小化しようとした当時の官憲の主張と調査結果を鵜呑みにして朝鮮

人虐殺を否定しています（姜徳相ほか 2013）。このような本が登場した背景には，1990年代以降の歴史否定論の台頭と安倍政権の登場があります。

　こうした情勢を反映して，小池百合子東京都知事は歴代知事が横網町公園における追悼式に毎年送付してきた朝鮮人犠牲者のための追悼文の送付を2017年から取り止めています。これについて小池都知事は，「すべての関東大震災犠牲者のための追悼文を発表しているので，朝鮮人犠牲者のためだけの追悼文は送らない」としつつ，朝鮮人虐殺については「様々な見方がある」と主張しています。朝鮮人虐殺を否定する右翼は，朝鮮人追悼式がおこなわれるすぐそばで「数千名虐殺はでっち上げ」「日本人の名誉を守ろう」という横断幕を掲げた反対集会を開いています（『ハンギョレ』2019年9月2日付）。なお，2022年には東京都の人権プラザで上映される予定であった関東大震災下の朝鮮人虐殺に触れた映像作品の上映が禁じられました（『東京新聞』2022年10月28日付）。

　朝鮮人虐殺をなかったことにしようとする歴史否定論の動きが活発化していることに加え，政治権力によって在日朝鮮人および朝鮮（大韓民国と朝鮮民主主義人民共和国の総称）に対する敵対と恐怖心が植え付けられています。その結果，2011年の東日本大震災時には「外国人犯罪が横行している」というデマがひろがり，2021年に福島県沖で地震が発生したときは「朝鮮人が福島の井戸に毒を入れるのを見た」というツイートが流れました（『ハンギョレ』2021年2月16日付）。そして，安倍晋三元首相銃撃事件が起きた際に「容疑者の国籍を明らかにせよ」という声がありました（徐台教 2022）。関東大震災下の朝鮮人虐殺の悪夢がいつ再現されてもおかしくない状況にあります。

　関東大震災100周年を迎える今，わたしたちは今一度朝鮮人虐殺の事実を把握し，その現代的意味を考える必要があるのではないでしょうか。さらに，この歴史を後世に伝えて記憶する責任を持っているのではないでしょうか。

153

多摩川を歩いて考える朝鮮

沖田まい

　みなさんは「多摩川」をご存知でしょうか？　関東に住んでいる人は，名前くらいは聞いたことがあるかもしれません。山梨県，東京都，神奈川県を流れる一級河川で，流域には住宅地はもちろん大学や研究機関，商業施設なども集積し，サイクリングやランニングのコースが整備されるなど，人びとに親しまれています。下流は東京都と神奈川県の県境でもあるこの川は，実は過去朝鮮からやってきた人びとが集住し，人権のために闘ってきた歴史的な地域でもあります（朴慶植 1984）。

　朝鮮人の本格的な渡日がはじまったのは1910年の「韓国併合」以降で，1920年頃には3万人程度であった在留者は1930年には約30万人に増加しました。これは，日本の侵略のなかで土地や仕事を奪われ経済的な基盤を失ったり，日本の米不足にともなう朝鮮米の移入により食糧を奪われたりした朝鮮人が，生きるすべを求めて渡日を余儀なくされたためであり，戦時期には日本による強制連行もおこなわれました。

figure 12　東京・調布町上石原（1930年代）の朝鮮人集落

提供：在日韓人歴史資料館

figure 13　京王多摩川駅

撮影：沖田まい

多摩川沿いへやってきた朝鮮人はバラック建の住居を構え，主に砂利を掘り出す「砂利採集業」に従事しました。関東大震災以後には，復興のために砂利の需要が増加し，日本にとって朝鮮人の労働力は欠かせないものとなりました。

　　当時多摩川から産出される砂利は質が良く，コンクリートの骨材として高い需要がありました。現在も多くの乗降者数を誇る京王線の前身である京王電気軌道株式会社（「京王電軌」）も明治末期の設立時から多摩川の砂利の採掘・運搬・販売にたずさわり，開通から3年後の1916年には「調布駅」〜「多摩川原駅」（現「京王多摩川駅」）間に支線を開通しています（三井住友トラスト不動産）。

　しかし，日本での朝鮮人の暮らしは逆境の連続でした。1930年代前半には「ジャリ闘争」も起きています。闘争の背景には朝鮮の人びとの生活基盤であった砂利採取業への圧力がありました。当時は内務省管轄のもと国鉄や私鉄の大企業などによる機械掘りが拡大し，これには許可が与えられた一方で，手掘りの場合が多かった朝鮮人には採取の許可が下りず，事実上禁止されたのです。こうした流れに朝鮮人は対抗し「ジャリ採取権を労働者に与えよ，機械船は撤廃しろ」とデモをしたり，あるときは「官憲と乱闘」したりして生活を守ろうとしたのです（朴慶植 1984）。

　わたし自身，学生時代は東京都国立市に暮らしており，多摩川は身近な存在でした。しかし，こうした戦前の経緯を知ったのは，2021年にゼミでおこなった多摩川の歴史踏査が初めてでした。こんなに身近な場所に，そして普段何気なく使っている鉄道に，こんな歴史があったのかと驚きました。それを機にわたしは多摩川周辺の在日朝鮮人の

155

figure 14　多摩川

撮影：沖田まい

歴史を調べはじめ，調布市でおこなわれていた市民による在日朝鮮人支援の運動を知り，卒論のテーマに選びました。

　戦後1970年頃から本格化した在日朝鮮人の人権回復・差別撤廃運動では，在日朝鮮人二，三世が日本に生きる「生活者」として闘い，それを支援する日本人の市民運動もひろがりました。1980年には外国人登録法における外国人登録証への指紋押捺（日本では指紋採取は一般的に罪を犯した人に課せられる行為）に対する抗議として，指紋押捺拒否運動が展開されました（金隆明 2004）。調布市ではそうした拒否運動を含む具体的な行動を支えるため，「指紋押捺制度撤廃を求める調布市民の会（以下，市民の会）」が発足し，活動がおこなわれました。

　わたしが研究を進めるなかで驚いたことは，活動に参加する人びとの「人権侵害」に対する強い自覚（「日本人自身の問題である」という考え方が共有されていること）でした。

　たとえば，指紋押捺拒否に対して登録証が発行されない問題については，「アジア蔑視の日本人の心性を問うことなしには日本の再生は覚つかない，〔中略〕人類の一員として共生する豊な心を持ちたい」（会報『ひとさしゆびに自由を』No.3，1985年9月）といった指摘がなされています。個人的に心に残った記載を引用したいと思います。

20年ほど前，戦時中日本がしたことを家族で話していた。あの時代に大人だったものすべてに日本人としての責任があると激していう弟。母は泣きながら言う，日本人がしてきたことは知っている。しかし自分たちは何もしなかった！むしろやさしくさえしたと。〔中略〕戦時中の話になると必ず出ることば──「知らなかった。何も知らされていなかった」──しかし，肌で感じるなにかが，頭の片隅にわきおこる疑問がなかったのか。歴史を学び，多くの人と知り会うほど，知らないとは怖いことだと思う，知ろうとしないこと，知って行動しないことは悪だと思う。〔中略〕アジアの人たちを再び踏みにじりたくない，日本の社会に厳然としてある差別を見過しにしたくない（会報『ひとさしゆびに自由を』No.5，1985年11月）。

市民の会では，指紋押捺の拒否を望む在日朝鮮人の支援として，市役所への同行，街頭演説，会報誌やビラの発行など，多様な取り組みがおこなわれました。この会の存在もあり，調布市では70名を超える在日朝鮮人の指紋押捺拒否が実現しました。

さて，今は「平和」で「豊か」な時代になり，「あからさまな差別」は減ったように感じている人が大半なのかもしれません。しかし，本当にそうなのでしょうか。2023年6月現在，「入国管理制度」や「技能実習制度」が引き起こしている問題は，本稿で見たような過去の問題と地続きではないでしょうか。だからこそ，過去の人権侵害とそれに抗した人びとの闘いを知ることで，少しでも今を，未来を，変えていけるのではないでしょうか。

きっとあなたの身近にもある，多摩川をはじめとした「日本のなかの朝鮮」に足を運び，一緒に考えてみませんか？

157

コラム

大阪・生野と京都・ウトロを訪ねて

李相眞

大阪にある日本最大のコリアタウン

　わたしは，2023年3月3日から7日まで大阪，京都旅行に行ってきました。2022年に公開されたドラマ『パチンコ（Pachinko）』を見たことがきっかけです。『パチンコ（Pachinko）』は在日朝鮮人女性の人生を描いた小説が原作ですが，主人公の女性が植民地朝鮮から日本に渡ってきて生活を営む場所が大阪の生野区でした。偶然にもドラマを見たあと，学部ゼミで金賛汀『異邦人は君ヶ代丸に乗って──朝鮮人街猪飼野の形成史』（岩波書店，1985年）という本を読みました。昔「猪飼野」と呼ばれた大阪生野区一帯に朝鮮人が住み着くことになった歴史を叙述した本を読み進めるなかで，ドラマの映像がオーバーラップし，その場を実際に訪れてみたいという気持ちが強くなったのです。

　鶴橋駅の周辺は，今は日本最大のコリアタウンとして有名ですが，その雰囲気は駅の構内からも感じ取ることができました。駅の構内にあるキンパやキムチなどを売る自販機がわたしを迎えてくれました。そして，改札を出たら「ここは日本か」と思うほどの光景が目の前にひろがりました。一角には焼肉屋さんがぎっしりと並んでいて，右手には「鶴橋商店街」という看板とともに朝鮮風の市場が続いていました。

　鶴橋駅から徒歩10分のところにはもうひとつの「朝鮮市場」があります。御幸通りにある「大阪生野コリアタウン」です。わたしはあえて路地裏を通って「大阪生野コリアタウン」に向かいました。街中で朝鮮の雰囲気を味わいたかったからです。街中を歩いていたら，朝鮮名の表札を掲げた家がチラホラと見えました。

158

figure 15　鶴橋商店街

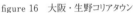
figure 16　大阪・生野コリアタウン

撮影：李相眞

撮影：李相眞

　かつて「猪飼野」と呼ばれたこの地域では市街地化とともに朝鮮人労働者の姿が現れはじめましたが，朝鮮人が定住するようになったのは1920年代に入ってからでした。1923年から朝鮮最南端の島である済州島と大阪間を「君が代丸」という連絡船が運航するようになり，植民地支配によって壊滅状態に陥っていた済州島から多くの人びとが大阪に入ってきました。大阪府在住の朝鮮人は1923年以降に急速に増えて1940年代には40万人を突破するほどでした（杉原 1998）。

　朝鮮人は今の鶴橋駅一帯に集住するようになったのですが，「犬と朝鮮人はお断り」として朝鮮人には家を貸さない差別的な雰囲気が蔓延していました。ようやく家を借りることのできた朝鮮人も，狭い家のなかに10人以上が暮らす劣悪な居住環境のもとで日々の生活を送らざるえませんでした。

　多くの朝鮮人が労働環境が悪くて日本人労働者があまり集まらない零細工場で働きましたが，非常に差別的な待遇を受けていました。朝鮮人労働者は日本人労働者に比べて安い賃金だったのですが，その額は家賃を支払えばいくらも残らない水準だったそうです（金賛

汀 1985）。街中の朝鮮名の表札は故郷を離れて異国の地に渡ってきた朝鮮人の苦しい歴史を語っているような気がしました。

　いろんなことを考えながら歩いていると，「大阪生野コリアタウン」が見えてきました。「大阪生野コリアタウン」は「鶴橋商店街」に比べて昔ながらの情緒が感じられ，いくつかの店の前には済州島を象徴する石像「ドルハルバン」が立っていました。

　この地域に多くの朝鮮人が居住するようになると，それに合わせて朝鮮の食べ物を売る露店が形成されました。警察はこうした露店を「不潔」などを理由に取り締まりましたが，朝鮮人の増加にともなって露店は増えていくばかりで，やがて「朝鮮市場」と呼ばれるようになったのです。この「朝鮮市場」が今の「大阪生野コリアタウン」の起源です（金賛汀 1985）。他方，「鶴橋商店街」は敗戦後に鶴橋駅の近くに現れた闇市が発展して形成されたものですが，そこに朝鮮人が進出して今のような朝鮮風の市場が形成されたのです。（パク・ミア 2020）

　日本最大のコリアタウンである大阪生野区には多くの観光客が訪れています。ただ，ここが植民地支配により日本に渡ってきた朝鮮人の汗と涙が染み入った地であることは，どれほど記憶されているのでしょうか。

住民たちの運動によって守り抜いた地, ウトロ

　京都府宇治市伊勢田町にあるウトロ地区。ここは約60世帯が居住している小さな在日朝鮮人集住地区です。最寄り駅から歩いて10分の距離にあるウトロ地区は，韓国社会で最も知られている在日朝鮮人集落でもあります。駅から歩いていくと，立派な３階建ての建物が見えます。この「ウトロ平和祈念館」は，ウトロ地区の歴史を伝えることによりウトロと社会をつなぐことを目的として2022年４月に開館した施設です。

　ウトロの歴史は1940年にさかのぼります。日中戦争の勃発後，日本政府は飛行場建設を推進しますが，その一環として京都では「京都飛

figure 17　ウトロ平和祈念館

撮影：李相眞

行場」の建設が推進されました。この飛行場建設の土木作業や整地作業を担ったのが，「国の仕事なので徴用にとられない」「住むところもある」という宣伝によって集められた朝鮮人でした。工事の現場には朝鮮人労働者の宿舎として飯場が建てられ，ここウトロにも飯場が開設されました。ところが，飯場での生活は「人間の扱いじゃない」と言われるほど非常に惨めな暮らしでした。屋根は杉皮を載せただけなので雨漏りし，夏には蒸し暑さで耐え難く，冬には壁の隙間から雪が入ってきました。平和祈念館の前にはウトロに唯一残っている飯場が展示されていますが，これがウトロ地区の歴史のはじまりです。

　こうしたなか，日本の敗戦とともに朝鮮は日本の植民地支配から解放されました。ウトロで働いていた朝鮮人の多くは故郷に戻りましたが，さまざまな理由で一部の人はこの地に残りました。一方，朝鮮人コミュニティを探して他地域からウトロに入ってきた人もいました。

　敗戦とともに飛行場建設は中止となり，失業者になった朝鮮人は，生きていくためにお金になることはなんでもやりました。解放後に続く困難と危機のなかでも，ウトロの住民たちは力を合わせてそれらをひとつずつ乗り越え，日本社会の差別と偏見に立ち向かって自らの権利を要求していきました。住民たちにとってウトロは単なる生活空間以上の場所であったのです。

　しかし，住民たちにウトロからの立ち退きの危機が迫ってきました。

figure 18　放火事件の跡地

撮影：李相眞

　戦後，ウトロ地区の土地所有権を継承した日産車体は，住民たちの意向を問わずに土地所有権を売却してしまいます。そして，その所有権を獲得した西日本殖産が住民たちを「不法占拠者」と規定して立ち退き訴訟を起こしたのです。裁判では住民たちがこの地に住むことになった歴史的経緯は完全に無視され，単純な「土地問題」として争われました。住民たちはウトロを守り抜くために立ち向かい，住民たちの闘争を市民社会が支えました。

　ところが，裁判では住民たちが次々と敗訴し，2000年に最高裁判所で敗訴が確定しました。しかし、住民たちは諦めずさらに声を上げました。こうした声は韓国社会にも届きました。韓国では大規模な募金

活動がおこなわれ，メディアは連日ウトロ問題を報道しました。このような動きが韓国政府のウトロ支援予算の成立につながり，住民たちはウトロの土地の相当部分を買い取ることに成功しました。住民たちの運動，在日朝鮮人社会の団結，日本と韓国の市民社会の支援によって最高裁判決を事実上覆したのです（中村 2022）。ウトロ平和祈念館もこうした運動の結実として開館されたものです。

　ただ，ウトロ住民を支えた市民社会の裏面には，依然として在日朝鮮人，そしてウトロに対する差別とヘイトが蔓延している日本社会の現実があります。2021年8月30日，20代の日本人男性による放火事件でウトロ地区西側の建物7棟が被害に遭いました。犯人はネット上の差別的な情報に影響されて朝鮮に対する敵対心を持つことになったと明らかにしました。ウトロの人びとが安心して暮らせる日はいつになったら実現できるのでしょうか。実際に現場に行って火災の跡を見ていると，「日本社会のなかで朝鮮はどういう存在なのか」という問いが湧いてきました。

沖縄と日本軍「慰安婦」問題

朝倉希実加

　日本軍「慰安婦」問題と聞くと，日本軍が中国をはじめとするアジア諸国に「慰安所」を設置したことを想像する人も多いのではないでしょうか。たしかに，多くの「慰安所」は戦場となったアジア諸国に設置されましたが，日本にも「慰安所」は存在しました。そのひとつが沖縄です。沖縄では，地上戦に向けて軍が配備されたことにともない，多くの「慰安所」が設置されました。以下では，沖縄で日本軍「慰安婦」制度がどのように展開されたのか，そして朝鮮から沖縄渡嘉敷島に連れてこられ，「慰安婦」にされた一人の朝鮮人女性，裵奉奇さんがどのような人生を送ったのかについて述べたいと思います。

沖縄における日本軍「慰安婦」制度の展開

　沖縄には全体で約140の「慰安所」が存在していたことが確認されています（洪玧伸 2022）。これらの「慰安所」には朝鮮人，沖縄出身の女性たち，本土出身（その多くが九州出身）の女性たちが存在しました。

　日本人「慰安婦」の存在を考える際に見逃してはいけない点が，沖縄における公娼制度の存在です。沖縄では1672年に辻，仲島，のちに渡地に娼妓たちを集め，遊廓が置かれました。これらの遊廓にいた娼妓たちは「ジュリ」と呼ばれました。1879年には近代公娼制度が確立され，1908年には仲島・渡地にあった遊廓が辻に統合されます。沖縄出身で「慰安婦」とされた女性たちの多くが，辻にいたジュリたちでした。当時那覇警察署署員であった山川泰邦の証言によると，全駐屯隊で500人の「慰安婦」が辻から駆り出されたといいます（古賀 2008-

2009）。なかには，10・10空襲（1944年10月10日に米軍機によって那覇中心部の約9割が消失した空襲）により辻も消失し，住まいも収入の道も失ったため「慰安婦」とならざるをえなかったケースもありました。

1941年に南大東島に設置された「慰安所」が沖縄最初の「慰安所」だと言われています。南大東島は大東諸島のなかで唯一飛行場が置かれた島であり，海軍とともに朝鮮人「慰安婦」6人くらいが来たこと，このほかにも沖縄本島から来た女性がいたことがわかっています。

沖縄の「慰安所」に多くの女性たちが連行されたのは，最初の「慰安所」が設置されてから数年が経った1944年でした。3月22日に大本営直轄の第三十二軍が創設され，沖縄各地に飛行場を建設し，本土を防衛することが任務とされました。この飛行場建設で劣悪な労働環境に置かれて不満を抱えた日本軍兵士による住民への強かんを恐れた軍により「慰安所」の建設が進められたのです。軍がそう考えたのは，中国などの戦線で日本軍兵士による強かんが多発し，現地住民たちの反発を招いたことがあったからでした。陸軍の主要な陣地が多く存在したため「慰安所」は沖縄本島中南部，特に中頭地区（中部）に集中したといいます（古賀 2008-2009）。また，部隊の移動により「慰安婦」たちも移動させられました。なかには部隊が移動したあとに，別の部隊が「慰安所」を引き継いだ場合もありました（洪玧伸 2022）。

1945年3月23日，沖縄本島と周辺離島への米軍の攻撃が開始され，部隊とともに「慰安婦」たちも壕へと避難しました。玉城村（現・南城市）の糸数アブチラガマのように，壕のなかに茅葺木造二階建ての小さな「慰安所」が建てられた例もありました。このガマには朝鮮人女性6～10人と沖縄出身の女性6～7人がいたと言われています（古賀 2008-2009）。

軍は「機密保護」という名目のため住民の目を避けて「慰安所」を設置しようとしました。しかし，約60か所の「慰安所」が民家を軍が接収する形で設置されたため，実際は住民の目を避けることはできませんでした。また，民家を接収したということは，もともとそこに住ん

でいた住民たちが強制的に追い出されたということでもあります。ほかには，軍が新しく建設したもの，従来の旅館や料亭を利用したもの，病院・公民館，公的施設などを利用したものなどがありました。

「慰安所」には，毎日多くの兵士たちが列をなしていた姿が住民たちにより目撃されています。女性たちは1日に何十人もの相手をしなければならない状況に置かれていました。また，女性たちは外出が制限され，住民たちとの接触も禁じられていました。「慰安所」では性病検査がおこなわれ，北谷村（現在の北谷町・嘉手納町）にあった大山医院で働いていた看護婦が，性病検査に抵抗し殴られる朝鮮人女性を目撃しています。この性病検査については，2週間から1か月に1回おこなわれ，16・17歳くらいの朝鮮人女性10〜15人くらいが検査を受けていたようですが，病院に薬はなく，性病に感染していても治療することはできなかったといいます。また，この性病検査は日本人女性には実施されず，朝鮮人女性にのみおこなわれていたとの証言もあります。食事についても軍によって管理されましたが，朝鮮人女性たちがサツマイモを求めてきた姿が目撃されるなど，十分な食事が与えられていなかったと思われます（古賀 2008-2009）。

「慰安所」では朝鮮人女性と沖縄出身の女性，県外出身の女性が区分され，待遇が異なりました。多くの朝鮮人女性が最も過酷な環境に置かれました。待遇差にかかわらず，こうした構造のもとで，性暴力が正当化されていたのです。

「慰安婦」たちは看護婦としての教育を受けさせられ，戦況の変化により，野戦病院の雑役や壕内における看護などにあたりました。ところが，戦況が悪化するなかで軍は「慰安婦」たちに軍に頼らず自力で生きることを命令したため，女性たちは「自力」で戦場をさまようこととなったのです。特に朝鮮人女性たちは，言葉も地理もわからないまま戦場へと放り出されました。かのじょたちのなかには間もなく亡くなった人や裵奉奇さんのように日本兵とともに投降した人，米軍によって収容所に送られた人もいます。収容所に送られた女性た

は，米軍が開設した病院や孤児院で働いたといいます。

その後，帰国船により朝鮮に帰国した女性もいましたが，奉奇さんのように帰国船の存在すら知らず帰国できなかった女性もいました。朝鮮に帰国することができた女性とできなかった女性の分断について考えるとともに，わたしたちはかのじょたちが戦後抱えた困難について考える必要があるのではないでしょうか。たとえ帰国できたとしても，サバイバーたちに対する差別的な視線，家族との葛藤，身体的・精神的な傷など多くの困難がありました。戦後も飲み屋を転々としながら歩き続けた奉奇さんのように，帰国できずに沖縄に残された女性たちも戦後もさまざまな困難を抱えました。戦争が終わったからといって，かのじょたちの苦しみ，困難が終わったわけではありません。

裵奉奇さんの人生を考えるということ

次に朝鮮から沖縄に「慰安婦」として連れてこられた裵奉奇さんの人生についてその概要を見てみましょう。より詳しく知りたい方は川田文子『新版　赤瓦の家──朝鮮から来た従軍慰安婦』（高文研，2020年）を読んでみてください（以下，同書に基づく）。

裵奉奇さんは1914年9月，忠清南道新礼院で生まれました。父は農家に雇われて働いており，奉奇さんは弟とともに貧しい生活を送りました。この貧しさの背景には日本の植民地支配がありました。日本は，1910年3月から「土地調査事業」を実施するなど経済的な収奪政策を進め，その結果朝鮮人の大部分が貧困に陥りました。貧困生活のなかで奉奇さんは奉公に出され，その後二度の結婚を経験しました。しかし，夫との生活に見切りをつけた奉奇さんは一人で村を出て，転々としながら農家などに雇われて働く生活がしばらく続きました。

そんな生活のなか，29歳のときに興南で奉奇さんは見知らぬ男に声をかけられました。この男は「仕事をしないで金が儲かるところがある」「木の下に口を開けていたら，バナナが落ちて口に入る」と言って奉奇さんを誘い，奉奇さんは大金が稼げるという話に心を動かされま

した。鹿児島で奉奇さんたちは船に乗せられ，1944年11月3日に那覇港へ渡りましたが，このとき沖縄は，10・10空襲で焼け野原となっていました。そして，奉奇さんは那覇から渡嘉敷島へと送られました。奉奇さんが甘言に心を動かされだまされて連れて行かれた背景には植民地支配によって強制された貧困があったのです。

　奉奇さんたちが渡嘉敷島へ到着すると，「朝鮮ピーぐゎが来た」という噂がすぐに住民たちのあいだにひろがりました。「慰安所」は村の外れにあった民家を接収する形で設置され，ここで奉奇さんは「アキコ」と呼ばれました。ほかの6人はそれぞれキクマル，ハルコ，スズラン，カズコ，ミッちゃん，アイコと呼ばれました。奉奇さんはこのなかでは最年長でした。「慰安所」で，少女たちが目を泣き腫らしている姿や，正月に酒を飲んで泣き出した女性たちの姿が隣の家の住民や子どもたちによって目撃されています。兵士たちが「慰安所」へ押し寄せる生活のなかで，奉奇さんが最もつらかったのが生理のときでした。そのときでさえ休むことはできなかったと言います。

　こうした「慰安所」での生活は，戦況の悪化により終わりを告げました。1945年3月23日，奉奇さんたちは米軍による空襲にあったのです。このとき，奉奇さんのほか3人は無事でしたが，2人は足に怪我を負い，1人はその場で重傷を負ったのちに，兵士が避難させようとした際に亡くなったといいます。その後，奉奇さんたちは山で米軍機の攻撃を避けながら生活をするなかで，軍の炊事班へ組み込まれることになりました。奉奇さんたちはここで雑炊をつくる，水を汲むなどの仕事をしました。そうした生活のなかで，奉奇さんたちは常に空腹に悩まされ，また米軍による攻撃によりいつ死んでもおかしくない状況に置かれていました。そして，奉奇さんは8月26日，兵士たちとともに武装解除式に臨むこととなりました。

　沖縄本島の屋嘉収容所から石川民間人収容所に入れられた奉奇さんでしたが，収容所を出たとしても行く場所も，頼れる人もいませんでした。そのため，収容所を出た奉奇さんは，風呂敷包みひとつを頭に

のせ，地下足袋を手に持ち，裸足で歩き続けました。夜になると飲み屋で働き，2，3日，長くても1週間したらまた違う場所へ向かってまた歩き出す，そんな生活が続きました。「なぜこのように場所を変えて歩き続けたのか」との問いに，悲鳴をあげるように答えています。「落ちつかん，落ちつかんのよ」。このようにひたすら歩き続ける生活が約1年間続きました。そして，気に入った店には1か月，2か月，半年，1年と次第に長く働くようになりました。それでも奉奇さんは飲み屋を転々とし続けました。

　奉奇さんの存在が社会に知られることになったきっかけは，1972年の沖縄の日本復帰でした。日本政府は，1945年8月15日以前に日本に入国した朝鮮人に対して特別永住許可の措置をおこないましたが，その申請期限を3年間，1975年までとしました。奉奇さんは教育を受けられなかったために日本語も朝鮮語も読み書きができず，申請書類を一人で提出することは不可能でした。強制退去になるのではないかと考えた奉奇さんは，以前仕事をしたことのある食堂の主人に自分は「慰安婦」として沖縄に連れて来られたのだと打ち明けました。食堂の主人は，奉奇さんの経験について書いた嘆願書を沖縄県出入国管理事務所に提出し，これにより奉奇さんは特別永住資格を得ることができました。このとき『高知新聞』に奉奇さんについての記事が載ったため，奉奇さんは「カミングアウト」せざるをえなかったのです。1991年に金学順さんが名乗り出る前のことでした。

　その後，奉奇さんは在日本朝鮮人総聯合会（総連）沖縄支部で働いていた金賢玉夫妻らとの交流を通して，徐々に自分の人生について考えられるようになっていきました。奉奇さんは最初は，「自分の運命が悪かったのだ」と考えていました。しかし，賢玉夫妻から朝鮮が日本の植民地になったからだという話などを聞くことで，自分の人生の背景にあった問題について考えるようになりました。昭和天皇が亡くなった際には「謝りもせんと逝きよって」「謝ってほしいさ」と話したそうです。また，故郷に行かないかと誘われて「行きたいけど，行け

169

ないさぁ」と泣いていました。行けないと言ったのは朝鮮が統一されておらず、韓国にも米軍基地があるからでした（「インタビュー・金賢玉さんに聞く」）。

　そのように晩年を過ごした奉奇さんが亡くなったのは1991年10月18日のことでした。奉奇さんの四十九日を兼ねた追悼式がおこなわれた12月6日には多くの人が集まりました。偶然にもその日は金学順さんが東京地方裁判所に訴訟を請求した日でもあり、どこから知ったのか学順さんは奉奇さんの追悼式に弔慰金を送ってきたといいます。このようにして、自らの意思ではなく「慰安婦」だと名乗り出ざるをえなかった奉奇さんの思いは、学順さんに引き継がれていったのではないでしょうか。奉奇さんの存在は、その後の日本軍「慰安婦」問題解決運動のはじまりだったとも言えると思います。

　わたしたちは奉奇さんの人生をどのように考えることができるのでしょうか。その背景にある植民地支配の問題、ジェンダーの問題、人種差別の問題、階級の問題、そして現在も続く本土と沖縄の不均衡な関係性、そうした問題まで考えなければいけないのではないでしょうか。奉奇さんの人生のなかで「慰安所」での生活、軍人の性の相手を強いられた経験だけに注目すればいいわけではありません。幼少期なぜ貧しい生活を送っていたのか、なぜ大金を稼げるという話に心動かされたのか、なぜ戦後飲み屋を転々とすることでしか生きられなかったのか、そこに絡み合ういくつもの問題があるのではないでしょうか。しかも沖縄に連れてこられた朝鮮人女性のなかで、その人生が明らかになっているのは奉奇さんしかいません。そこには名前もわからない、いつどこで亡くなったのかも、どのような人生を送ったのかもわからない朝鮮人女性たちがいたということを忘れてはいけません。

今なお続く問題として

　わたしたち加藤ゼミ（学部ゼミ・大学院ゼミ生の一部）では、昨年7月に沖縄を訪れました。糸数アブチラガマに入ったり、読谷村の「慰

安所」の跡地にも行きました。また，裵奉奇さんと長年にわたって交流をしていた人から裵奉奇さんの話をうかがい，その姿がより明確に浮かび，裵奉奇さんの人生についてより深く考えさせられました。渡嘉敷島へ渡り，裵奉奇さんがいた「慰安所」の跡地や，犠牲となった女性たちを慰霊するため

figure 19　渡嘉敷島のアリラン慰霊のモニュメント

撮影：朝倉希実加

につくられた「アリラン慰霊のモニュメント」，奉奇さんと同じ「慰安所」にいたハルコの遺骨が祀られているという「白玉の塔」などを見てまわりました。実際に戦地となった沖縄をまわりながら学ぶことで，あらためて「歴史」の話は過去の話ではなく，現在につながる話であり，そこに一人ひとりの人生があるのだということを考えさせられました。また，多くのモニュメントなどを見ながら，今を生きるわたしたちがいかにこの歴史を記憶・継承していくのかが問われているのではないかと感じました。

　ここまで沖縄における日本軍「慰安婦」制度の展開，そして裵奉奇さんの人生について述べてきました。日本軍「慰安婦」問題はいまだに「解決」していませんし，沖縄には現在も多くの米軍基地があり，性暴力事件も起こっています。しかし，本土の人びとは現在も沖縄に多くの米軍基地を押し付けているという事実，そして歴史的に沖縄の女性たちが性暴力にさらされてきたことにきちんと向き合っていません。本土の人びとは「透き通った青い海」など観光地としての側面ばかりに目を向けており，沖縄における日本軍「慰安所」，そこにいた朝鮮人の存在，今なお続く米軍基地と性暴力などの問題は見逃されています。現在も存在する本土と沖縄の非対称な関係性をふまえながら，わたしたちはこうした複雑に絡み合う問題を自分たちの問題として考え続けなければならないのではないでしょうか。

171

学び場紹介　ラオンって？

李相眞

　日本社会に生きる在日朝鮮人はさまざまな場面で差別や偏見に直面しながら生活しています。ところが，在日朝鮮人を取り巻く問題は無関心・無理解にさらされています。一部の関心を持っている人であっても在日朝鮮人を取り巻く問題を外国人差別と同一線上で考えている場合もあります。しかし，在日朝鮮人が日々経験する差別と偏見は，外国人差別であるとともに，日本の朝鮮植民地支配によってつくりだされた差別がその根幹にあることは本書で述べてきたとおりです。

　この現状を変えるために2023年3月に設立されたのがNPO法人ラオンです。ラオンとは朝鮮語で「楽しい」という意味で，在日朝鮮人の存在とその歴史をともに学び，考える場を提供することを目的としています。主には日本の青年に対して，歴史学習を目的とした映画上映会・フィールドワーク・読書会などの事業をしています。

　ラオンは，2023年4月に第1回映画上映会を実施し，『ウリハッキョ』（金明俊，2006年）を上映しました。『ウリハッキョ』は北海道朝鮮初中高級学校を舞台に制作された映画ですが，この映画を通して在日朝鮮人にとって朝鮮学校が持つ意味について考えてもらうことを目標としました。そのうえで，5月には発展イベントとして徐京植『在日朝鮮人ってどんなひと？』（平凡社，2012）の読書会を開催しました。現代を生きる在日朝鮮人が置かれている状況，このような状況を打破するためにわたしたちができることついて意見を共有しました。同イベントは神奈川朝鮮中高級学校で開催されて，参加者にはその意味がより明確に伝わったのではないかと思います。

　そして，6月には映画『在日（人物編）』（呉徳洙，1997）の上映会を実施しました。戦後から約50年のあいだの，在日一世，二世，三世，6人の生き方を追ったドキュメンタリー映画を通して，在日朝鮮人個々

人の歩んできた人生について知り，その人生がわたしたちになにを問いかけているかともに考えることを目的とした企画です。

　今後は日本の植民地支配に関する映画を上映していくつもりです。関連する入門書や小説などを読んだり，フィールドワークを実施したりすることで，在日朝鮮人，さらには朝鮮と日本をめぐる問題について理解を深めることを目指しています。ほかにも，共通の思いを持つ者が連帯し，その輪をひろげていくための事業を準備しています。

　ラオンの代表である李愛玲（リエリョン）さんは，小学校から高校までの12年間朝鮮学校で教育を受けました。在日朝鮮人としてのアイデンティティや在日朝鮮人社会に対する帰属意識と愛着を持つ愛玲さんにとって，それらの存在を知らない日本の人びとと過ごす時間は少なからずつらいものでした。いくら親しくなっても，「この人は本当のわたしのことをわかっていない」と感じるたび孤独感やさみしさを覚えたと言います。朝鮮人だけの問題ではなく，むしろ日本の問題なのに，そのことを知らない日本の人たちがとても多い。「わたしたちはいつまで声をあげ続けなければいけないんだろう」と悩む日々が続きました。

　このとき愛玲さんが出会ったのがモヤモヤ本Ⅰでした。愛玲さんは「日本社会にも朝鮮人の問題を自分ごととして考えている人がたくさんいることを知って，一生分のエネルギーを得た気分でした」と言います。このような人びとと連帯して在日朝鮮人について伝えていきたい，そして仲間を増やしていきたい。ラオンはそんな気持ちを持つ人びとによって設立されました。

　「在日朝鮮人」，「朝鮮学校」，「北朝鮮」，「反日」，「歴史問題」，「日本軍『慰安婦』問題」……自分とは遠い，よくわからなくてちょっと怖いと感じる人が多いのではないでしょうか？　でも実はこれらはみなさんとも関わりのある問題かもしれません。そんなモヤモヤや疑問と向き合ってみたいという人は，ぜひ一度ラオンに来てみてください。みなさんと会えるのをとても楽しみにしてます（ラオン代表・李愛玲）。

ソウルで考える朝鮮, 日本で学ぶ朝鮮

座・談・会

　この座談会では，韓国での現地踏査や長期留学を通じて学んだこと
を語り合いました。同時に，現在の日韓交流が抱えている課題や，日
本社会で朝鮮について学び考えることの意味について話しました
（2023年 5 月 2 日，韓国・ソウル。当時の学年等は，座談会「モヤモヤ本 I
の刊行はわたしたちにとってどのような経験だったのか？」と同じ）。

韓国留学でなにを学んだのか

沖田：わたしは今回はじめて韓国に来たのだけれど，みんなは何度も
来ていて，留学した人もいるよね。

熊野：自分は2019年に 2 回ほど韓国に来たことがあったけど， 3 年生
になり，ゼミに入った2020年はコロナの影響で韓国に行けませんでし
た。ようやく 4 年生になった2021年 8 月から12月の終わりまで留学を
しました。モヤモヤ本 I 出版（2021年 7 月）直後に行ったのですが，
韓国でモヤモヤ本 I に対して関心を持ってくれている人がたくさんい
たことは恵まれていたと思います。たとえば，メディア関係者，日本
軍「慰安婦」問題や日本の植民地支配責任に関心のある学生，社会運
動に参加している人たちなどとつながることができ，その縁でシンポ
ジウムで発表したこともありました。なにより，普段から一緒に話し
合える仲間ができました。その韓国でできた友人たちが今，一橋大学

大学院に進学して，同じゼミで一緒に研究しているわけです。問題意識を共有できる人たちとつながることができた留学生活でした。

　印象に残っている出来事としては，ナヌムの家（日本軍「慰安婦」制度の被害者たちが共同生活している施設）の日本軍「慰安婦」問題に関するワークショップに参加したときに，韓国の民族問題研究所の金英丸〔キムヨンファン〕さんが，「自分自身もずっとやってこられたのは，仲間がいたから」「自分が正しいと思うことを信じてやっていけば，仲間とつながっていける，続けていける」という話をしてくださったことです。日本人と韓国人の立場性は違うとはいえ，とても励まされました。

朝倉：わたしは2020年にゼミに入って以降，コロナの影響でずっと韓国に行けなかったんですが，ようやく2022年夏に訪問することができました。まず，8月後半から2週間ほどキボタネ（本書214〜215頁参照）の若手メンバーとしてシンポジウムに参加することと，活動に関わっているcolabo〔コラボ〕の関係で来ました。10月末にはゼミのみんなで国際シンポジウムに参加するために1週間，それから12月は釜山〔プサン〕での性売買問題のフィールドワークのために3泊4日で来ました（現代韓国の性売買の実態と日本の植民地支配の関係については，シンパク・ジニョン 2022）。そして，今年の2月末から1年間留学で来ていて，今は2か月くらい経ったところです。

　今年3月に参加したキボタネのツアーのときは，平和ナビ（日本軍「慰安婦」問題解決運動にとりくむ韓国の大学生の団体）の子たちとディスカッションの時間がありました。そのときに韓国でも右翼が日本軍「慰安婦」問題の被害者やその解決運動を攻撃するなど現在の韓国の状況をある程度知ることができたのはよかったです。ある意味では，歴史否定論や右派の影響力の拡大は韓国と日本で共通する問題だと思うのです。一緒に考えて立ち向かっていけたらいいなと思いました。

　来るたびに感じるのは，韓国では社会運動が当たり前のものとして存在していることです。韓国でも最近は社会や政治に問題関心がない人も多いという話も聞いたのですが，どう考えても日本よりは社会運

動が身近にあって，触れる機会が多いと思うのです。どうしたら日本でも身近なものとして社会運動をひろげることができるのかを考えさせられました。それは歴史の記憶や継承の問題ともつながっています。たとえば，ソウル市内にはたくさん「平和の少女像」があるわけですけれど，その前を多くの市民が通っていたりするわけです。記憶や継承をどうやってつなげていくのかについて，実際に来てみたことで考えさせられました。

牛木：わたしはコロナ前に何度か韓国に行っていたんですが，コロナでしばらく行けず，2022年2月から1年間，交換留学しました。留学中は，いくつかの大学の歴史学の授業をとったり研究会に参加しながら，こちらの研究状況を学んでいました。印象に残っていることは，まず歴史をふまえて自分たちの社会を考えることが根づいていることです。独立運動の授業では，「韓国の民主主義の起源がどこにあるのか」という問いが発せられて，現代の自分たちの問題としてみんなで考えたりしました。日本だとそもそも民主主義なんてほとんど考えない。もちろん個人のレベルでは考えている人はいるでしょうけれど，全体としての基礎が違うと感じます。韓国では社会運動を全然していない人でも，フェミニズムに共感しているといった話が，普通の会話で出てくることに日本との違いを感じました。

　モンダンヨンピルという市民団体（韓国社会に日本の朝鮮学校について知らせる活動をしている）の青年の集まりにちょっと行ってみたのです。大学生や大学院生もいますが，韓国で勉強している在日朝鮮人の留学生もいました。わたしたちがモヤモヤ本Iでやっているような「サークル感」と言うか，楽しみながら勉強する，という空気がありました。そのような運営ができる人数がいて，教材もしっかりと整備されていました。それから，市民運動の地位が日本より高いことを感じました。日本社会で若い世代に向けて運動をひろげていくことを考える際に，参考にしたい点がたくさんありました。

　それほど観ているわけではないのですが，韓国の映画，演劇はおも

figure 20　2023年5月，ソウル市内のメーデーのデモ

撮影：李相眞

しろいだけではなくて，社会性のあるものが多くて，そういうことが日本でももっと根づくといいなと思っています。昨日もちょうどソウル市内でおこなわれたメーデー（勤労者の日）のデモをみんなで見ましたけれど，若い人がすごく多いし，びっくりしました。

朝倉：デモで一緒に歌をうたって，行進して，人がたくさんいるのも全然日本とはちがうなぁと思うし，一緒にやるから普通に楽しい。

熊野：みんなでなにかすることが，そんなにハードルが高いことじゃないというか……。

牛木：いやぁ，本当にそれだよね。

沖田：日本では社会運動が「一部の特殊な人たちがやっているもの」みたいにされてしまっているよね。少人数の運動を支えている人たちが無理をしなければならないとか，マイナーなものとされているがゆえのしわ寄せがあるんじゃないかな……。

朝倉：3月8日は国際女性デーですが，その前の土曜日に女性大会がソウル市内の大きな広場であったんです。そこには女性の団体が全部集まった，みたいな感じで，ブースがたくさんあって，ステージでイ

177

ベントをしていました。特に女性デーだからかもしれませんが，子ども
もが休める，遊んでいられるテントがあったり，ゲームを出店してい
る団体があったり，とても参加しやすい環境がちゃんとつくられてい
ました。それから，大学生の団体が写真（チェキ）を撮ってくれて，
その場で渡してくれたりして，すごく雰囲気がいいなと思った。

熊野：ポスター，グッズ，看板などはセンスがあるし，色もいいよ
ね。カラフルで。

朝倉：グッズがかわいいんだよね！　そういうことも大事だなと思
う。昨年，釜山で訪問した性売買当事者の女性たちを支援する団体で
も，当事者の女性たちがつくったグッズが販売されていて，すごくか
わいいし，買うことに意味があるから「じゃ，買おう！」ってなる。

牛木：わたしも国際女性デーに参加したときに，ものすごいエネルギ
ーで，最初は圧倒されちゃったんです。日本でデモに行ったことがな
いので，最初は「勇気がいるな」と感じていて，自分自身はこんなに
運動することに慣れてないんだな，と。でも，まわりの人たちが「だ
いじょうぶ，楽しめばいいじゃん！」と明るく声をかけてくれたんで
す。尹錫悦大統領の退陣要求デモがあったときも，知り合いに連れて
行ってもらったのですが，全国から人が来ていて，立錐の余地がない
ほどの人混みでした。勝手にノスタルジアを感じてはいけないんです
けど，3・1運動のときも民衆が集まって運動していたんだろうなと
いうことが，風景として浮かび上がってくるような感じがしました。

「社会は変えられる」という意識

李：先ほど，朝倉さんが「慰安婦」問題解決運動に取り組んでいる韓
国の学生から韓国でも政治に関心がない人が出てきているという話を
聞いたと言っていましたが，たしかに最近は韓国社会でも歴史への関
心がだんだん低下してきているように思います。韓国社会では，競争
主義や成果主義が強い影響力を持っています。たとえば高校までは自

主的な学習機会はあまりなくて,「良い大学」へ行くことだけ求められ
ている。そうした背景のもとで, 今若者は, 歴史を見ずに現在の目の
前のこと, 自分のことだけを考える傾向が出てきていることは否定で
きません。このような限界があることを見ておく必要があります。

　ただ, 昨日のメーデーの集会に若者が多く参加していたことからも
わかるように, 不満を持ったり不利な位置にあることを感じたとき
に, 団結して声をあげることができている。それは, 植民地時代の独
立運動からはじまり, 民主化運動, そして, 2017年の朴槿恵大統領弾
劾といったように団結して声をあげてきた歴史とつながりがあると思
います。今の韓国社会は, 歴史への問題意識は決して高いとは言えな
い状況ですが, それでも抗議の声をあげるなかで, その根源を歴史に
求めるという場面がよく見られます。過大評価かもしれないのです
が, 過去の経験をもとに,「なにか問題が起こったら自分たちが団結
して声をあげれば変えられる」という意識が培われていると思います。
熊野:「自分たちが社会を変えられるんだ」って意識があるんですよ
ね。日本だとそれが本当に欠落してる。自分も, そういう想像力を持
つことがすごく難しいと感じることがよくあります。

朝倉: 日本社会には「諦め」みたいなものが漂っていて, 社会を変え
れば自分の生活も良くなるんじゃないかといった発想がしづらい感じ
があります。「社会の問題」と考えられなくされていると言うか……。

熊野: 歴史学を学んでいると言うと,「歴史好き」と思われがちだけど
(笑), 自分の感覚としてはまったく違います。現代的な関心があるか
らこそ歴史学を学んでいる。もちろん, 歴史のすべてが現代の問題と
直接つながるわけではないけれど,「自分自身の生きづらさ」みたいな
問題を考えるうえでも, 歴史を学ぶことはすごく大事です。たとえ
ば, 日々の仕事での生きづらさも, 突き詰めれば資本主義の問題で,
そうした歴史のうえにある。ジェンダーに関する生きづらさもそうで
すよね。歴史を見ると, その生きづらさが単に個人の問題ではなく
て, 社会構造的につくられたものだとわかるようになると思います。

179

ただ気をつけなければならないのは，この言い方だけだと，歴史を学ぶ意義が自分中心になってしまうことです。朝鮮史や日本の加害の歴史を学ぶのは，第一義的に，加害の歴史の責任と向き合い，被害者の人権や民族自決権を回復したり，記憶していったりするためにあると思います。また，排外主義や民族差別は突如現れたものではなくて過去から一貫して続いていて，こうした社会も自然にできたのではなくて，過去の人びとの選択の結果，構築されたものなわけですよね。どうしてこのような差別にあふれた社会にいるのか，どのようにそれがつくりだされたのか，そういうことを理解して，現状を変革していくためにはまず歴史をたどることが重要だと思います。

牛木：歴史は小説じゃなくて，ワクワクする話ばかりではないですしね。「歴史っていろいろな見方があるからおもしろいよね」といった好奇心で歴史を学ぶ人もいると思うんです。でも，わたしは好奇心を満たすために歴史学をやっているんじゃなくて，植民地支配の実態やそこで生きた人びとの姿などの事実に，多くの史料を分析したうえで近づいていくことが大切だと思っています。

初めての韓国

沖田：わたしは，2020年の春にゼミに入り2022年春に卒業したので，在学中はコロナで一度も韓国に行けなくて，今回がはじめての韓国です。4月29日から5月3日まで，みなさんと一緒にソウルの踏査（タブサ）をしました。韓国では現場を歩きながら歴史をたどる踏査が盛んだと聞いていたのですけれど，実際に体験できてよかったです。たくさんのところをまわって，あまりにも内容が濃くて，消化しきれていないのですが（笑）。

　正直，もっと早く来たかったなと思います。本当に，歴史を残していく意志，歴史をちゃんと伝えていく姿勢がすごい。もっと日本の人たちは見に来るべきだと感じています。現地・現物など実態に触れず

figure 21　南山の山頂からソウル市内を眺める

撮影：加藤圭木

に耳だけで聞いていたりとか, ぼんやりしたイメージで判断するだけだと, それこそ「韓国の人って, 日本が嫌いなんでしょ」と考えてしまったりする。そうなってしまうのは, 実際に植民地支配のなかでなにがおこなわれていたのかとか, それがおこなわれたのがどこだったのかを知らないからなんだと思う。

　たとえば, ソウルの南山（ナムサン）の山頂でソウルの街を見下ろしながら, 日本がソウルをどのように支配したのかをみなさんに教えてもらいました。当時のソウル城内の南側にある南山の中腹に朝鮮神宮をつくり, 城内の真ん中に京城（けいじょう）府庁舎をつくり, 北側の景福宮の場所に朝鮮総督府を建てて, 地理的に挟み込んで支配をしようとした, と（「京城」はソウルのこと。植民地支配のもとで日本が押しつけた地名）。そういう実際の姿を見ることは, 本で読んで得ていた知識以上に学びがあった。

　それから, こんなにも韓国へ旅行する日本人が多いのに, なんで知られていないんだろうなと思う場所がたくさんありました。日本軍「慰安婦」問題を扱っている「戦争と女性の人権博物館」は, ソウルに来ているのだったら絶対に行くべきだなと。オーディオガイドが用意されているのですが, 博物館の順路や歩く道, 展示室など自分の体を通じて, 女性たちの経験したこと, 恐怖やその先の光まで追体験できる工夫が随所に散りばめられていました。人生の経験として, 訪れることができて本当によかった場所のひとつになりました。

キボタネ（本書214〜215頁参照）が実施している若者向けの安価な韓国スタディツアーの取り組みはとても大切ですよね。韓国に旅行に行くのもお金がかかるので，だれもが気軽に行けるわけではありません。もっと多くの人が現地での学びにアクセスできるような環境が整備されたらいいなと思いました。

　メーデーのデモも衝撃的で，「大統領アウトだ」「追い出せ」と，たくさんの人たちが集まって連帯しているのは，日本では本当に考えられない。日本は人びとが個人個人にバラバラにされていると思うし，良くも悪くもそれぞれの人を邪魔しないようにお互いにほどよい距離をとりましょう，という雰囲気があるのかな。「自分は自分でがんばってなんとかしていかなきゃいけない」という自己責任論がすごく強いから，社会を変えようとか，なにかを要求することに対して，無頓着・無関心なのかなと思いました。

　とはいえ，わたしは数日間いくつかのところを見てまわっただけで，当事者の話を聞いたり，直接議論をしたりしたわけではないし，これがすべてではないというのも同時に思っています。

牛木：共感しかないです。普通の観光だと，かつて朝鮮総督府の庁舎が置かれていた景福宮もそうですけど，その場所にいながら，実はなにがあったのか知らずにいる歴史がたくさんあると思います。

熊野：今回ソウルでまわったのは，南大門とか南山，明洞，鍾路，景福宮・光化門広場とまったく普通の観光地。だけど，そこに日本帝国主義の歴史がある。自分たちは別にニッチなところへ行けという話をしているわけじゃなくて，多くの日本人が訪れる観光地が日本の侵略の歴史との関係があるということです。そうした認識が欠落しているということに，ぜひ気がついてほしいです。

　ところで，デモが頻繁に開催されるソウル中心部の光化門広場に関しては，よく日本政府から「デモに近づくな」みたいなメッセージが発せられますけど……。

朝倉：実際に日本大使館からメッセージが来たの。1919年の3・1運

動の記念日で, デモがあるから近づかないように, という内容でした。

熊野:「危険だから日本人は行かないほうがいいですよ」と言われるけど, むしろ行ったほうがいいと思う。3・1運動の記念日のデモは, 日本帝国主義の歴史をしっかり考えるという意味でもそうだし, 社会を変えるパワーとか想像力をすごく鍛えられる場所だと思うから。

朝倉:日本人のなかには実際にデモがどういうものかを知らない人がいっぱいいて, デモというだけで「危険だ」と思う人がいるんですよね。その場に行けば別に危険ではないし, デモへの参加が特別視されていること自体がおかしいと思います。3月1日に現在韓国に留学している学部生の子たちと一緒にタプコル公園(本書28頁参照)に行ったのですが, 記念式が準備されていて, もちろん危険なことなどありませんでした。その日は植民地歴史博物館にも行ったんですけど, そこでは独立宣言書の写しをもらいました。

183

沖田:そう言えば, 3・1運動に関する当時のメディアの報道を通じて, 朝鮮人に対して「怖い」とか「暴力的だ」という認識が日本人のなかで形成されたということを, 大学の3・1運動の関連史料を読む演習で学んだんです。

　日本帝国主義の植民地支配という暴力に抗して朝鮮人たちが起こした3・1運動では平和的手段とともに, 一部で暴力的手段による抵抗もあったのですが, 日本側の圧倒的に巨大な暴力が先にあった点がポイントです。さらに, 日本側は3・1運動を武力で弾圧し, 多くの死傷者を出したんですよね。そうした経緯があるのに, 支配した側の暴力が不可視化されて, 抵抗運動の正当性が伝えられないまま朝鮮人は「暴徒」であると当時の新聞などで報道されて, 朝鮮人に対して「危険」という不当なイメージが日本人のあいだで強化されたということでした。

　今でも韓国のデモに対して「危険だ」という感覚があるのは, こう

した植民地時代の認識がいまだに続いているってことなのかな，と考えてしまいました。

ソウル市立大学国史学科の踏査に参加して

熊野：今年の３月に，自分と朝倉さんと牛木さん，それからゼミのほかのメンバー合わせて10人くらいで，ソウル市立大学国史学科の行事である春期踏査に参加させてもらいました。韓国では３月から新年度がはじまるので，実質的に新歓行事の役割も果たしているんですけど，80人ほどの規模で，２泊３日で地方をまわって，先史から現代までの史跡を学科のみんなで見学するんです。加藤ゼミでは以前からソウル市立大学国史学科と交流があって，うちのゼミ生も特別に踏査に参加させてもらっているんです。

朝倉：国史学科だから当たり前かもしれないけれど，歴史を学ぶことが身近なものとされている感じがしましたね。

熊野：自分が感じたのは，真面目に勉強することに対する姿勢の違いです。自分は日本では真面目に勉強することに対して冷笑的なものを感じてきたんですが，それが今回の踏査ではまったくありませんでした。もちろん一般化はできませんが。踏査では，学生が見学するところを全部決めて，それぞれの見学地について発表する内容を自分たちで調べて，みんなの前で発表するわけです。みんなちゃんと話を聞くし，盛り上げる。「わー，がんばって～」「よかった～」みたいに，すごくあたたかい雰囲気があって，自分が経験してきた日本の状況とは全然違うかな，と（国史学科には学生会という自治組織が存在，踏査も学生の力で自主的に運営されている。韓国では多くの大学にこのような自治組織が存在している）。

2021年に留学したときの経験でも，韓国では真面目に勉強すること自体がバカにされることはなく，むしろすごく尊敬されているように思えました。日本での雰囲気とはまったく違うと感じました。

　あらためて，今回の踏査では，学生の主体性を強く感じましたね。「自分たちでつくっていく」という感覚があって，それが社会に対する問題意識や社会運動にもつながっていくのかなと思いました。

牛木：うん，主体性ってすごく大事だよね。

熊野：昼間の史跡見学のあと，夜にレクリエーションがあって，ゲームなんですが，自己紹介するときに「民衆時代，自由人文，勝利国史」とコールを叫ぶんです。民主化運動のなかの文化が受け継がれてきたものでしょう。一方，軍隊文化の影響だという話もあって，慎重に見るべき部分もあるかと思います。ただ，「民衆時代」というワードがレクリエーションなどのカジュアルな場所で使われること自体，日本だったらありえないと思ったんです。現在どこまで中身を考えてやっているかはわかりませんが，そういうワードが残っていたり，継承されていること自体に，日本との差をすごく感じました（それ以外にも，民主化運動のなかで歌われた運動歌「民衆歌謡」を歌う学科内サークル「ソリオル」は現在も存続している）。

　あとは，日本の山手線ゲーム，古今東西ゲームと似たようなゲームで，独立運動家の名前をあげていくゲームをやりました。国史学科という特殊な場ではあるけれど，レクの場で「独立運動家ゲームをやろう！」と自然になったことに驚きました。

　それから，韓国では朝鮮人を主体とした独立運動の歴史が重視されていることを感じました。そういう感覚の違いをレクの場でも確認できたことは大きかったです。このゲームはもちろん，韓国の人たちの話や歴史認識を聞いていても感じます。加藤ゼミに所属する大学院の在日朝鮮人の先輩たちが，朝鮮人の運動の歴史に強い問題意識を持ちながら，研究していることからも考えさせられてきたことです。

李：熊野さんも指摘していたように，ソウル市立大学国史学科という特殊な場での体験だということは確認しておく必要がありますが，独立運動は韓国社会のなかでは国家の形成につながる問題として考えられているわけですよね。自主的な歴史を見ようとしているわけです。

185

一方で，韓国社会の全体的な状況としては，独立運動に関しては朝鮮半島の南半分しか見ていないことが限界としてあります。金日成（キムイルソン）など解放後の朝鮮民主主義人民共和国につながる独立運動家が韓国社会ではほとんど語られないことが課題だと感じています。

熊野：今の話を聞いて思い出したんですが，独立運動家ゲームでは，自分は呂運亨の名前を出しました。解放直後に統一朝鮮の政権を立てようとがんばった独立運動家で，韓国の学生がどう受けとめているのかはわからなかった。最近，評価は高いと聞いていたけれども，実際のところよくわからなかった。でも，「呂運亨」と言った瞬間に「ワー！」って盛り上がったんです。国史学科というニッチなグループだから一般化はできないけれど，統一に向けてがんばろうとした人を評価しようという認識は感じました。

前近代史の重要性

熊野：今回の踏査では江原道（カンウォンド）を一周したのですが，新羅（シルラ）・高麗（コリョ）・朝鮮（チョソン）王朝，そして現代の史跡を訪問できました。ふだんは朝鮮の近現代史，それも日本側がやった侵略や植民地支配の歴史を中心に学んでいるわけですが，前近代史の史跡を中心にまわることで，植民地の時代はあくまでも朝鮮史の一部にすぎないことをあらためて確認できましたし，前近代史の重要性を強く感じました。朝鮮には独自の歴史があるわけです。朝鮮史を日本との関係でしか見られないというのは，朝鮮人独自の歴史を矮小化してしまっているし，日本人中心的な見方だと思います。もちろん，侵略や植民地支配の実態をしっかりと見ることはとても重要ですが，それだけでは不十分だということです。

　同時に，日本の侵略の歴史をしっかり理解するためにも，知る必要があると思うのです。朝鮮にも自主的な近代化の可能性や，独自の営みがあったことを理解していなければ，「未開の朝鮮を日本が発展させた」という誤った認識を持ってしまう。朝鮮人の自主的な国家発展

を日本がねじ曲げたことを見るためにも，前近代史が大事だと思います。

李：前近代史の歴史，高麗時代と朝鮮王朝時代だけでも千年近くですね。その伝統と歴史は，日本が植民地化したことで変えられてしまった部分もありますが，今の朝鮮半島に継承されている部分も相当にあります。さらに植民地支配で失われたものを解放後に取り戻そうとしてきましたし，それらを博物館などで展示したりしています。みなさんが踏査してきた江原道でも過去の歴史の復元作業が進んでいて，そうした作業も植民地から独立して自主性の回復のためにやってきたことの一環であるわけです。朝鮮は自主的につくられた国ですから，35年間の植民地支配だけを見て「これが朝鮮史だ」と思うことには問題があります。

熊野：日本の近現代史を批判的に見たり，日本側の問題を明らかにしようとする際に，「朝鮮は日本の鏡」とか「朝鮮史は日本史の鏡」とよく言われますね。ただ，日本と朝鮮は全然違う国ですし，日本の問題に向き合うためにわざわざ朝鮮を引き合いに出す必要はないはずです。この言い方は，朝鮮史を日本史に従属させているように聞こえます。結局，朝鮮の歴史を日本の視点からしか見ていないのですよね。

歴史を見るうえでの落とし穴

李：前近代史の重要性を話しましたが，あらためて強調しておきたいことがあります。韓国で歴史教育を受けたときには，35年という短い時間の植民地期が500年の朝鮮王朝と同じぐらいの扱いでした。朝鮮にとって植民地支配は大きな社会変動であり，朝鮮人に与えた被害がきわめて大きかったことを知る必要はあります。植民地支配は朝鮮史のごく一部にすぎないという主張が，侵略の歴史を軽視する言説につながることもありますから，前近代史の重要性を語る場合には注意も必要です。熊野さんが指摘されたように，侵略の歴史を軽視すること

はあってはならないことを確認しておきたいと思います。

熊野：そうですね。植民地期に関して、「加害と被害の関係性だけじゃないところを見るべき」という主張が日韓ともにあります。そうした主張が日本の植民地支配責任を軽視ないし無視する傾向があることは紛れもない事実です。加害と被害の関係性は、植民地支配責任を認めていない日本側の状況を考えても、また植民地支配の過酷な実態をふまえても、そう簡単に取り去ろうとすることはできません。一見、加害・被害の構図に見えないようなところにも、刻みつけられています。だから、加害・被害の問題は絶対に重視しなければいけないというのが自分たちの立場です。よく「加害と被害にいつまでこだわっているのか」と言われるけれど、そもそも日本社会はこの問題に一貫してこだわってきていないと思います。

沖田：今回ソウル市内の龍山（ヨンサン）地域にある龍山歴史博物館に行きましたが、そこでは前近代から独自の発展の可能性があったにもかかわらず、地域のあり方が破壊されたことが展示されていました。「自分たちの力で発展できなかったことが悔しい」という話を博物館の方がしてくださって、独自の発展の可能性をすべて壊してきたのが日本の行為であったことを実感しました。

牛木：前近代の話とは少しズレてしまうかもしれないけれど、植民地支配を受けた社会において、一見「近代」的に見える現象、たとえば鉄道建設などがあっても、それは朝鮮の人たちのためのものではなくて、日本側の利益のためだったり、日本側が朝鮮を支配するために導入したものだったわけです。最近は、植民地支配によって引き起された矛盾を、近代一般の抑圧性の問題として、つまり日本などの宗主国側の内部などでも引き起こされていた問題と同じものだとする意見もあるのですが、そのような議論では植民地支配の本質を批判できませんよね。

熊野：植民地期における朝鮮人の主体性を見ようという主張は大切ですが、同時に気をつけなければならない点がありますよね。たとえ

ば，日本の支配に協力した「親日派」をとりあげて朝鮮人側は植民地支配に同意していた，という主張がされたり，日本の支配の強制性だけではなく「親日派」の主体性を見るべきだといった主張があります。しかし，それでは日本側が朝鮮民族を分裂させ，「親日派」という協力者を育成して支配した問題が抜け落ちてしまいます。ここで生み出された民族内部の対立は，たとえば，韓国において「親日派」の系譜を引く人びとがいまだに強い影響力を持つなど，長期間にわたって朝鮮半島において重大な矛盾を引き起こしているわけです。それから，「親日派」の主体性という議論が強調されることで，植民地支配に抵抗したり反発していた大多数の朝鮮人を軽視，あるいは不可視化し，植民地支配の暴力性を見えなくする効果を持つことにもなります。

　現在も李栄薫編『反日種族主義』や朴裕河『和解のために』・『帝国の慰安婦』のように日本の加害責任を免責するような主張をする韓国人の論者がいます。これはまさに「65年体制」（第2章参照）を支える主張で，政治的背景があるわけですけども，「韓国人が言っているから……」という形で受容してしまうのは問題があります。

日韓交流のあり方をめぐって

熊野：モヤモヤ本Ⅰでは日韓交流のあり方を批判しましたが，わたしたちは交流自体がダメだと言っているわけではありません。植民地支配を批判し，人権の尊重という観点を共有したうえでの連帯や交流は重要だと考えています。それを通して韓国市民の主体性や歴史への感覚や認識を知ることに交流の意味があるんじゃないかと思います。

牛木：これは人から聞いた話なのですが，政治的に許された場での交流は，本当の意味での交流と言えるのか，と疑問に思っています。

熊野：政治的に許された場での交流というのはどういうことですか？

牛木：たとえば日本政府や大きな財団が支援している大学生同士の交流プログラムでは，日本政府の責任は全然問われなかったりする。そ

ういう場だったら，政府や財団だって支援するわけじゃないですか。結局，日本側の責任を問わない人たちをどんどん育てるわけですが，それって本当の意味での交流なのでしょうか。その場で与えられたものに沿ってやっている受動的なものでしかないように感じています。本当に相手を理解しよう，問題の根本になにがあるのかを理解しようという主体性を持ったときにはじめて，本当の意味での交流ができるんじゃないかと思います。

熊野：日韓交流には政治性があるということですね。それと関係しますけれど，「韓国に行く」という行為にも政治性があります。まず，韓国に行ったからといって，朝鮮の社会や歴史の全体がわかるわけではない。そもそも朝鮮は分断されています。それから，韓国という国自体が，新しい統一的な民族国家を打ち立てようとした朝鮮人大衆の要求に反して，日本の植民地支配に協力した「親日派」や，アメリカの強い影響を受けてつくられた国だったという歴史的背景を考える必要があります。韓国という国家が在日朝鮮人を排除してきたという問題もありますし，現在も日本とアメリカとともに日米韓疑似軍事同盟のなかで朝鮮民主主義人民共和国と敵対しているわけです。そうした背景があるため，在日朝鮮人のなかには「韓国に行かない」という選択をしている人もいますし，そもそも韓国政府の入国拒否などによって行けない人もいるわけです。韓国へ行く際には，そうした政治性をしっかり意識しておくべきだと思います。

韓国に行けばいい，というわけではない

熊野：日韓交流の問題点に関わって，たとえば，韓国在住の日本人の歴史認識の問題って重要だと思うんですが，どうでしょうか？

朝倉：日本社会で形づくられている韓国社会に対する偏見が存在するなかで，現地で暮らすことによってもともと持っていた偏見が強化されるケースがあるように思います。「韓国人の女性は気が強い」という

イメージが日本社会のなかでつくられていますが, 実際に韓国人の女性が話しているのを見て, 「あっ, やっぱり韓国人の女性って強いよね。日本人より気が強いよね」と言っている人がいました。

熊野:「韓国人の女性は気が強い」発言って, それを男性が言うにしろ女性が言うにしろ, まさにセクシズムであり民族差別ですよね。どういう意味で「気が強い」と言っているのかわかりませんが, 自分の意見や自分が考えていることを言うのは当たり前のことだと自分は思っています。日本は自分の意見を言いにくい抑圧された社会だから, ほかの国の人について「気が強い」と感じてしまうのかもしれないけど, 日本社会の側に問題があるんじゃないかな。

牛木: 韓国に来ることで偏見が強化されるという問題は深刻だと思います。外国での生活だから大変なことはあるわけですし, 外国人に対する制度的な面で不便なことはあります。でも, それを日本人の留学生が, 「韓国だからそうなんだ」と考えてしまう場合が多いように思うのです。「韓国は反日だから」という方向で考えてしまう人もいました。あるいは, 自分が外国で暮らすことの大変さを, 日本に住む在日朝鮮人の状況と同列化してしまう人もいました。「自分はこんなに韓国で大変な思いをしているんだから, 在日朝鮮人の人たちも大変だろう」などと言っているのを聞いたことがあります。韓国に移住する理由はもちろん人それぞれだとは思いますが, 留学の場合は, 自主的に韓国で学ぶためにしているわけで, それは植民地支配の結果として日本に渡らざるをえなかった在日朝鮮人とその子孫の状況とは, まったく違うわけです。そういった歴史的文脈が省かれてしまっている。

熊野: そうですね。韓国で長期間生活することで学べることはあるけれども, それで韓国のなにもかもがわかった気になって傲慢になってしまう危険性もあると思う。また, 当たり前のことだけれど, 韓国人もみんながみんな進歩的な意見を持っているわけではありません。「過去のことにこだわるよりも未来を一緒につくっていこう」という考えを持つ人や, 日本の植民地支配や歴史認識を批判しないという意味

191

で、「わたしは反日じゃないよ」と言う人もなかにはいるでしょう。でも、植民地支配の被害者が日本の責任を追及していることや、それに対するひろい共感があるという事実は揺らがないわけです。日本帝国主義に対する批判は根強いです。それにもかかわらず、一部で過去のことは問わないと発言をする人がいるからといって、日本人が「そうなんだ」と受け入れてしまうことは問題です。ところが、日韓交流のなかで、自分にとって都合のいい部分だけを受け取ることによって、誤った歴史認識を持ってしまうケースがあります。反植民地主義や人権の尊重という軸を見失ってはならないと思います。

牛木：毎日新聞の大貫氏も、韓国での駐在経験が長かったようです。大貫氏の歴史認識・朝鮮認識がどのように形成されたのか気になります。大貫氏だけではなく、韓国駐在経験のある日本人記者の多くが、加害責任を無視する発信をしているように思います。

李：韓国の状況について補足すると、尹錫悦政権のように歴史を軽視する保守政権が登場したからといって、そうした主張が韓国社会のすべてではないわけです。そもそも、このような政権が誕生したり、歴史を軽視する主張が出てくる背景には、植民地支配と分断による影響があります（第2章参照）。それから、韓国の大統領選挙においては、経済力や年齢、地域やジェンダーなどの要因によって、投票先が分かれます。韓国社会内部にはさまざまな対立がありますが、日本の人たちが特定の集団を見て「韓国社会は○○だ」と一般化するのは、誤った理解につながります。

牛木：韓国社会の内部や、在日朝鮮人社会の内部に葛藤や問題が生じることは当然あるわけですが、その背景には、植民地支配や分断の歴史があることが少なくありません。そうした葛藤を日本社会に紹介する際には注意が必要です。

朝倉：これは韓国人の友だちから聞いた話なのですが、日韓交流の場で韓国人側が歴史について話すことを遠慮してしまうことがあるそうです。なかには、気をつかって「過去のことは気にしていないよ」と

言う人もいるかもしれませんけれど，「歴史の話はしないほうがいい」と韓国人側に思わせていること自体が問題だと思います。

沖田：当事者に気をつかわせないようにするためには，こういう問題について日頃から話題にすることが大切なのかと思います。わたしは自己紹介のときに「大学では朝鮮近現代史を勉強していました」と言うことがあります。朝鮮にルーツを持つ人がどこにいるかわからない状況のなかで，小さなアクションですけれど，「言う」ということに意味があるのではないかと思っています。

日韓交流の限界性

牛木：韓国に留学している日本人の多くは，韓国でデモに参加している学生を見たときに，「日本の政治や社会には問題がないから」「韓国は大変なんだね」というふうになるのですよね。日本に問題がないから運動をしないのではなくて，声をあげることに対する圧力が強いためだと思うんです。一方，ほかの国から韓国に来た留学生が韓国の社会運動を見ると全然反応が違います。植民地主義や人種差別に対する批判や行動に共感して，「すごい」という感想を持つ人は少なくないのですが，日本の学生にはなかなかそういう人はいません。

熊野：ドイツから韓国に来た留学生の知り合いも，韓国の民主化運動に関心があって勉強しにきたとのことでした。

牛木：それから，韓国の社会運動に対する反応の例として，「日本軍『慰安婦』問題解決運動がなにを主張したいのかはわかったけれど，そんなに強く言う必要はないんじゃない？」という意見があります。

朝倉：運動のやり方を批判してくる人がいるじゃないですか。「そういう言い方しなくてもよくない？」って。

牛木：「こわいじゃん！」みたいに言うよね。

朝倉：「えっ，そこ？」って思う。ある日韓交流の場で，日本で社会運動をしている人が自分の活動について話をしたときに，日本人学生

が「でも，それって平和的じゃないですよね」と言ったそうです。それから，友だちがインスタグラムでジェンダーのことについて発信している子について，「言っていることはわかるんだけど，そういう言い方しなくてもいいじゃん」と話していたこともあります。「言っていることはわかるけど」という枕詞をつけて否定してくる人がすごく多いです。

牛木：本当に，メチャクチャわかる。

朝倉：言っていることが本当にわかっていたら，そんなこと言えないじゃないですか。

牛木：韓国に行くことや日韓交流に関して，別の観点から話してみたいのですが，日本と朝鮮の歴史問題について学んだり考えたりするのであれば，韓国に行くことが一番で，それも長期留学をしたほうがいいと思う人が多いんじゃないでしょうか。実はわたしもそうでした。でも，日本社会や日本人に対して歴史の問題などを提起したり，日本社会を変えていくための運動や実践をする機会が，韓国にいると少なくなってしまうという限界を感じたことがあります。日本社会の問題に当事者として向き合うことから遠ざかってしまう場合もあるように思います。韓国に来てみることは大切ですが，日本でやるべきことはたくさんあるわけですから，それを軽視してはいけないと思います。ただ誤解のないように付け加えると，韓国在住の日本人で，日本の現状を変えるために努力している方はいらっしゃいますし，韓国に滞在して韓国の運動と連帯することは大切な方法のひとつであることは確認しておきたいと思います。

熊野：関連して言うと，多くの日本人は朝鮮民主主義人民共和国側が日本の植民地支配や歴史認識を批判していることをあまり認識していません。在日朝鮮人の声もほとんど聞いていないでしょう。日韓交流の政治性について述べてきましたけれど，韓国との交流だけでは朝鮮全体を理解できないことは繰り返し強調したいです。

日本社会で朝鮮のことを学ぶ意義

熊野：「韓国人と交流すればいいというわけではない」，「韓国に行けばいい，というものでもない」という話をしてきました。それと表裏一体ですが，日本社会で朝鮮のことを学んだり，日本社会を変えていくための実践をすることの大切さについて話をしてみたいと思います。

牛木：わたしは東京都武蔵野市出身なのですが，以前，五郎丸聖子『朝鮮戦争と日本人──武蔵野と朝鮮人』（クレイン，2020年）という本を読み，大変な衝撃を受けました。この本によれば，武蔵野市でも中島飛行機の工場などで朝鮮人強制連行がおこなわれ，戦後には在日朝鮮人の集住地区があったそうなのです。それから，小中高で「空襲があった」という話を聞いたことはありましたが，そのときに朝鮮人が犠牲になったことは知りませんでした。また，戦後の帰国事業で朝鮮民主主義人民共和国に帰国された方々の記念碑があるのですが，それも家の近くにあって毎日通学路で通っていたのに，この本を読むまでまったく知らなかったのです。自分自身が同じ地域に生活している人の話を切り捨ててしまっていたことに衝撃を受けました。身近なところに学ぶべきものや知らなければいけないことがたくさんあるのに，それが知られていないのが問題だということです。そうした歴史を日本のなかで伝えていくこと，そして日本のなかにあるそのような隠された歴史を掘り起こしていくことの大切さを感じました。

沖田：わたしも，同じようなことを感じています。わたしは1980年代から90年代の調布市における在日朝鮮人支援の市民運動を卒論でとりあげたのですが，そのテーマを選ぶきっかけになったのが学部4年のゼミでみんなで行った多摩川のフィールドワークでした。多摩川沿いには関東大震災後に砂利を採取する労働に従事していたたくさんの朝鮮人がいて，多摩川の近くを走る鉄道の敷設や，一橋大学がある国立

195

市の街がつくられたときにも朝鮮人の労働があったと言われています。わたしたちは，朝鮮人の労働によってつくられた土地に暮らし，鉄道を利用しているわけです。無意識に「日本人がこの国をつくってきたんだ」とか，関東大震災以後に「自分たちの力でがんばって復興したんだ」と思ってしまっているのではないでしょうか。そこにいたはずの朝鮮人の存在がまったく無視されていることは大きな問題だと思います。

　最近，あらためて多摩川で一人でフィールドワークをしたのですが（「コラム　多摩川を歩いて考える朝鮮」），そのなかで郷土資料を扱う小さめの施設を訪問しました。そこには，関東大震災のあとに良質だと言われていた多摩川沿いの砂利を採取して，鉄道再建に努めた人たちといったキャプションとともに，写真が貼ってありました。しかし，一切朝鮮人という言葉は出てきませんでした。こうやって全部なかったことになっていくんだな，深刻だなと思いました。

朝倉：一橋大学の近くには朝鮮学校（西東京朝鮮第一初中級学校）があります。大学から少し北に行くと朝鮮大学校（小平市）もありますよね。場所という意味でもごく身近にあって，隣にいる人が在日朝鮮人かもしれないわけです。日本社会で普通に暮らしていると，そうした存在に対する意識がまったくといっていいほど持てていないように思います。普通に生きているつもりでも，だれかの足を踏みながら生きているかもしれないわけです。

　韓国に留学に来てから，留学生同士で話す機会があったのですが，アメリカの子が「アメリカは人種差別や社会問題が多い。みんなアメリカに来たいって言うけど，なんでアメリカに来たいのかわからない」と言っていたのです。わたしは「日本も同じだよね」と言ったら，別の日本人の子が「えっ？　日本社会に差別ってあるの？」という反応をしていました。わたしにはそれが衝撃的でした。

熊野：衝撃ですね。

李：わたしは，今年はじめに大阪の鶴橋と京都のウトロへ行ってきま

した。日本社会のなかにも朝鮮の歴史はあるわけですから，そこに向き合うということの大切さを痛感しました。

熊野：自分も育ちは東京ですが，地元では関東大震災時に朝鮮人虐殺が多く起こっています。区史などにも虐殺に関する証言が載せられています。そうしたなかで，小池百合子東京都知事が朝鮮人虐殺の事実を認定することを拒否しているわけです。

　今，みなさんが指摘してくれたように，日本社会で生きていたら，朝鮮や朝鮮侵略の問題に関わらざるをえないわけです。たとえば，今の１万円札の肖像は福沢諭吉ですが，福沢は，朝鮮などアジアを蔑視した「脱亜論」を書いています。そして，2024年から肖像は渋沢栄一になるわけです。わたしたちは「一橋大生が迫る　渋沢栄一と朝鮮侵略」『週刊金曜日』（29巻44〜47号，2021年11〜12月）で渋沢栄一が朝鮮侵略に加担したことを論じましたけれども，自分たちは渋沢栄一が創設に関わっている一橋大学に通っているわけです。そして，今でも一橋大学では渋沢栄一をリスペクトする風潮があるわけですよね。

197

　本当に日本のいたるところに朝鮮侵略と関わるものがあります。学べば学ぶほど朝鮮との関わりが見えてきます。そうしたことが日本社会で意識されればいいなと思います。

第4章
終わらないモヤモヤとその先

「なにをやっても社会は変わらないよ」。日本社会にはこのような諦念がひろがっているように感じられます。第4章では、このような状況下において、真の意味で人権が尊重される社会を実現するために、わたしたち一人ひとりになにができるのかについて考えていきます。

社会運動に関わるということ

朝倉希実加

社会運動って怖い?

みなさんは，社会運動にどのようなイメージを持っているでしょうか。自分には関係ない，遠いものだと考えている人も多いのではないでしょうか。なんだか怖いと感じる人もいるかもしれません。

わたしも，以前は政治や社会問題にまったくと言っていいほど興味がなく，社会運動は自分には関係ないものだと考えていました。しかし，大学などで学び，さまざまな人と出会うなかで変化し，今ではいくつかの活動に関わるようになりました。

大学での学びと戸惑い

大学2年生で朝鮮近現代史に出会い，日本の朝鮮侵略や植民地支配，そして日本軍「慰安婦」制度の実態を学ぶとともに，それらの問題が未解決であること，そして日本社会のなかで間違った認識がひろがっていることや，自分のようにそもそも問題について知らない人が多いという現状を知りました。朝鮮人に対するレイシズムや女性差別について関心を持つなかで，それまで深く考えたことがなかった「人権」の重要性に気づかされていったのです。同時に，人権問題を見過ごしてきた日本社会のあり方や人権侵害がおこなわれている現状，その一員である自分自身のことまでも考えるようになりました。自分自身は日本人というマジョリティの立場であるために，これらの問題を深く考えずに生きてこられたという特権性に気がつき，自分の問題と

して考えられるように変化していきました。

　しかし，すぐに行動に移すことができたわけではありません。ゼミやそれ以外の市民講座などで朝鮮史について学べば学ぶほど，自分がどうすればいいのかわからなくなりました。自分もなにかしなければいけないと考えつつも，大学生の自分にできることなどあるのだろうか，なにをすればいいのだろうか，と戸惑うばかりでした。そのようななかで，以前から講座やワークショップに参加していたキボタネ（本書214〜215頁参照）で若者プロジェクトが実施されることを知り，日本軍「慰安婦」問題に関心を持っていたわたしは参加を決めました。

日本軍「慰安婦」問題を記憶すること

　キボタネの若者プロジェクトは，1990年代以来日本軍「慰安婦」問題解決運動に取り組んできた「日本の運動家たち」の人生を聴き取り，記録しようというもので，10人の女性たちに話をうかがいました。

　みなさん，生まれ育った環境や，運動に関わるようになったきっかけや社会的背景について語ってくれました。それぞれ仕事や研究，子育てなどを抱えながら運動に関わってこられた話が印象的でした。これからの自分の関わり方を考えさせられました。

　1990年代初頭，韓国の女性団体が日本軍「慰安婦」問題を提起しましたが，この段階では当事者であるサバイバーは運動の場にはいませんでした。その後，1991年に金学順さんが被害者として名乗りをあげ，それに続いたサバイバーたちが続々と被害を告発しました。若者プロジェクトで聴き取りの対象となった女性たちは，こうしたサバイバーたちとともに運動を展開してきました。在日朝鮮人の被害者である宋神道さんの裁判を支援した女性，韓国のサバイバーと連帯し日本で証言集会などを実施した女性ほか，韓国，台湾，中国，フィリピンなど各国のサバイバーたちとともに活動してきたみなさんの話を通して，日本軍「慰安婦」制度のサバイバーとともに運動するとはどういうことなのかを考えさせられました。

一方，すでに被害者の多くがこの世を去ってしまった今，現実的な問題としてサバイバーとともに運動をすることは，わたしたちの世代にはできません。そのようなわたしたちが果たすべき役割について考えさせられました。わたしが自分自身の課題のひとつとして考えたのは，サバイバーたちの人生を忘れずに，社会全体で記憶していくための取り組みを進めることです。

　キボタネと同時期に加藤先生の紹介で Fight for Justice（本書88〜89頁参照）の活動にゼミのメンバーと一緒に参加し，特に，若い世代に日本軍「慰安婦」問題について知ってもらうための映像プロジェクトに関わってきました。日本軍「慰安婦」問題など歴史をどう記憶・継承していくのかは非常に重要な問題ですが，こうした活動に参加すること自体が記憶していくことにつながっているのだと思っています。

　また，キボタネや Fight for Justice での活動を通して，自分と同じ世代の若者と出会えたことも大きな励みとなりました。自分だけではないということを感じられたからです。かれらと一緒にこれからわたしたちになにができるのか，どのように次世代に伝えられるのかについて考えていきたいと思います。

アートから社会問題を考える

　昨年開催された表現の不自由展・東京にもスタッフとして参加しましたが，そこでは差別や植民地支配における性暴力などの加害をなかったことにしたいと考える人たちの姿も目の当たりにしました。

　そもそも，表現の不自由展は検閲などにより表現の機会を奪われてしまった作品を展示しようと，2015年にはじまった展覧会です。具体的な作品としては日本軍「慰安婦」被害者をモチーフにした「平和の少女像」や天皇制の問題を扱ったものなどがあげられます。

　2019年のあいちトリエンナーレでは，妨害の電話やメールを受けて作家や実行委員との合意がないまま展示中止に追い込まれ，その後作家や市民たちの協力もあって再開できた事態がありました。

　あいちトリエンナーレから2年後の2021年，東京で開催しようとしましたが，妨害により二度にわたって延期され，ようやく2022年に国立市にある公共施設で展示をおこなうことができました。無事に開催することはできましたが，開催の前には施設の方々や警察との会議を何度も重ね，妨害に備えなければなりませんでした。

　そもそも，表現の自由が保障されているはずの社会で，なぜ展示を開催するためにここまでしなければならないのでしょうか。植民地支配や日本軍「慰安婦」問題，天皇制について触れているからでしょうか。もちろん，表現の自由といっても，差別的な表現などが許容されるわけではなく，なんでも自由に表現できる権利ではありません。しかし，アートを通じて社会問題を提起したりすることはおかしなことなのでしょうか。ここまで入念に準備をし，警備をしなければ展覧会を開けない今の日本社会のほうがおかしいと思わざるをえません。

　それでも，地域の方々を含めた多くのボランティアが協力してくれて開催できたことはよかったですし，若者や子どもも含めて多くの人が見に来てくれたことも励みになりました。また，会場には感想を書くことができるポストイットを用意したのですが，多くの人が展示された「平和の少女像」について触れていました。「少女像」を前にした人たちは少女の手を握ったり，話しかけたり，一緒に写真を撮りながら泣き出す人もいました。また，加害国に属する自分が隣に座っていいのだろうかとためらう人もいました。わたし自身も日本軍「慰安婦」問題に関わるなかで，加害国に属する自分，日本人という立場について考えざるをえませんでした。そうしたためらいを持ち，自分自身の立場に向き合いながら，運動に関わりつづけることが自分にできることなのだと考えています。

203

性搾取の問題に関わって

　日本軍「慰安婦」問題に関する活動に関わるなかで，この問題は根本的な部分で現代日本の性搾取の問題とつながっていると強く感じる

ようになりました。そして，昨年 Colabo という団体で約半年間アルバイトをさせてもらうことになりました。この活動を通して，今の日本社会の女性をめぐる状況を考えさせられました。Colabo では，10代・20代などの女性たちを支える活動をおこなっています。「バスカフェ」と呼ばれる10代女性が無料で利用できるカフェを開いたり，一時シェルター・中長期的に住むことができるシェアハウスの運営などをしています。活動内容や若い女性たちを取り巻く状況について，詳しく知りたい方は仁藤(2022)を読んでみてください。

　Colabo で活動をして，今の日本社会において中高生を中心とする若い女性たちを取り巻く状況について知ることができました。さまざまな理由により，家に帰ることができず夜の街をさまよう少女たちが多くいること，そしてそうした少女たちが性売買に取り込まれているという現実を知り，非常にショックでした。それは，わたしがこれまでそうした子たちと出会ってこなかった，見ようともしてこなかったためです。自分がこれまで当たり前だと思っていたことが当たり前ではない子たちがいる現状を知りました。日本社会では性搾取がきわめて深刻で，少女たちはとても困難な状況に置かれているのです。しかし，こうした少女たちを社会は「非行少女」として扱い，その背景にある社会構造については考えていません。

　困っているのならば，公的な支援機関につながればいいのではないかと考える人もいるでしょう。しかし，現在の法律制度では警察は性を買う男性たちではなく，性を売らざるをえない少女たちを補導しています。また，児童相談所などの厳しいルールのために公的施設には行きたくないと考える少女たちが多くいます。そのため，結果的にかのじょたちは性搾取の構造に絡め取られているのです。

　この背景には，公的支援や法的制度，福祉制度の貧弱さとともに，社会が性を買うことを許容し，性暴力や性搾取を容認してきた問題があります。困ったら女性は性を売ればいいという雰囲気がつくられ，ネットなどでは高収入や住居の提供などをうたう風俗店の広告が多く

存在する社会があったからこそ，かのじょたちは性売買という道を選ばされたのです。それは「自己責任」などではありません。

　かのじょたちが置かれた現状に，自分は関係ないと考える人もいるかもしれません。しかし，そうした社会をつくり上げてきたのは社会に生きるわたしたちです。かのじょたちの状況を無視し，対策をとらない政権や都政を選んでいるのはわたしたち自身なのです。そうだとすると，かのじょたちを性搾取へ追いやってきた社会構造そのものをわたしたちの手で解体していく必要があるのではないでしょうか。

　そもそも，中高生の大部分は選挙権がありません。選挙権がある18歳以上だとしても，複雑な状況に置かれている子たちが選挙について考える余裕などないでしょう。また，被害を被害として認識できていない子たちも多くいます。ですから，当事者たちに声をあげることを求めるのではなく，社会のあり方に対して責任を持つべきわたしたちこそが声をあげる必要があるのではないでしょうか。

韓国の社会運動に触れて

　わたしが留学（2023年）中の韓国で，水曜デモ（1992年1月8日にはじまって以来毎週水曜日に開催されている日本軍「慰安婦」問題解決を訴えるデモ）や国際女性デーを記念した女性大会，セウォル号沈没事故（2014年）の追悼集会や江南駅女性殺人事件（2016年，韓国でフェミニズムが高揚するきっかけとなった）の追悼集会などに参加してきました。

　そのなかで印象的だったことが，若い人がこうした大会や集会に参加していて，自分たちの手で社会を変えようとする力があるということです。女性大会や追悼集会に参加した際に「わたしたちが社会を変えるのだ」と繰り返し話していました。自分たちを社会を変える主体としてとらえ，おかしなことがあれば声をあげるのは当たり前のことだと考えているため，こうした集会に多くの人が参加するのではないでしょうか。そして，自分たちの力で社会を変えてきた歴史があるからこそ，そのように考えることができるのだと思います。

日本ではデモというと「怖い」と考える人もいると思いますが，実際にデモに参加してみるとまったく違うことがわかります。韓国では，踊りを踊ったり歌を一緒に歌ったり，行進したりとむしろ楽しい雰囲気でおこなわれることが多いのです。6月14日に開かれた1600回目の水曜デモでは，「わたしたちは一緒に平和へ向かう」というスローガンが掲げられました。歌を歌ったりしながら，その場にいる人たちみんなで集会をつくりあげているようにも感じられました。

　江南駅女性殺人事件の追悼集会では，主催者が踊りを踊ることは被害者を記憶して社会を変えるためなのだと話していたことが印象的でした。その追悼集会では，少女時代の「また巡り逢えた世界」(Into The New World) という歌を歌いました。この歌は少女時代のデビュー曲なのですが，デモで歌われる「連帯の歌」としても知られています。2016年，梨花女子大学でおこなわれた学生たちのデモで，警察に囲まれた学生たちが「また巡り逢えた世界」を歌ったのです。それがきっかけとなり，10代から20代の女性たちを中心として，デモや集会などで歌われてきたのだと言います。「この世界で繰り返される悲しみはもうアンニョン（バイバイ）」という歌詞があるのですが，このようなメッセージが女性たちの共感を呼んだのではないかと思います。

　セウォル号事故追悼集会では子どもを亡くした母親たちによる演劇などがあり，こうした演劇や歌・踊りなどを通して記憶していこうとしているのだと感じました。

「特別な奇跡を待たないで」

　これまで，わたしが社会運動に参加するなかで感じたことを述べてきました。こうしてみると，わたしが特別な人のように感じるかもしれません。しかし，わたしは日本社会に生きる一人として，自分自身の立場や特権性をふまえたうえで，自分がしなければならないと考えることをしてきただけです。

　自分にはそんな運動などに関わることはできないと思う人もいるか

もしれません。しかし，このように団体で活動したり，集会に参加したりすることだけが社会運動ではないと思います。本を読んだり，オンラインの講座に参加したり，選挙に行ったり，市民運動のクラウドファンディングに協力したり，友だちや家族と一緒に話したりしてみることもひとつの社会的な活動なのではないでしょうか。

　少女時代の「また巡り逢えた世界」には次のような歌詞もあります。「特別な奇跡を待たないで　目の前のわたしたちの厳しい道は　知ることができない未来と壁　（信念などを）曲げない，諦めないよ」（最後のフレーズは意訳しました）。自分が運動をしたとしても，社会が急に大きく変わることはありません。それでも，「特別な奇跡を待たないで」，わたしたちの手で小さなことからでもはじめることに意味があるのではないでしょうか。

　わたしは，朝鮮植民地支配の問題や性搾取などの問題に関わってきましたが，これらはすべて「人権」の問題です。「人権」というすべての人が守られるべき権利が守られていない状況が今まさに起こっています。わたしは運動に関わりながら，問題や現実を知ったときに自分自身がどうするのかを問われてきたように感じています。

　社会全体を見るとわたしたちと同じ意見を持っている人は決して多くありません。それでも，わたしが運動を続けてこれたのは，ゼミの

figure 22　2023年3月4日にソウルで開かれた女性大会

提供：朝倉希実加

仲間や一緒に活動する人たちがいたからです。あなたは一人ではありません。わたしたちとともに考え，行動してみませんか。
（INTO THE NEW WORLD, KENZIE/KIM JUNG BAE ©2007 FUJIPACIFIC MUSIC KOREA INC. Permission granted by FUJIPACIFIC MUSIC INC. JASRAC 出2308042-301）

「そんなことより」と言えてしまうこと

沖田まい

「卒業したら，終わりですか？」

卒業する自分に向けられた後輩からの問いかけ。今も自分の胸に問い続けています。

わたしは大学2年生で受講した授業で日本の加害の歴史とそれに対する自らの認識の欠如に衝撃を受け，日本に残り続ける差別や人権問題を知ろうと，大学3年生で加藤圭木ゼミに入り，朝鮮近現代史を学びました。とはいえ，正直わたしはゼミのなかではそこまで真面目な学生ではなかったと思います。働くことが好きで，学生団体での活動やアルバイトを複数掛け持ちしては自分で自分を忙しくしていたし，社会を変えられる「資本主義」の可能性に憧れていました。そんなわけで，この会社に入れば自分の信念に従い社会をよくするために働けるのではと期待して，とある企業を志望し，ありがたいことに内定をいただくことができました。

一緒にモヤモヤ本Ⅰを執筆した同期が大学院への進学を決めるなか，一般企業に就職する自分。「卒業したら終わりですか？」という問いには，こう答えていました。

大学を卒業しても，自分は朝鮮近現代史を学んできました，と話せる人間でいたいし，そのために学び続け，行動し続けたいと思っています。

それがひとつの連帯の形だと信じていたし，働いていてもそういう

対話ができるはずで，少しでも問題意識の輪をひろげられるのではないかと考えていました。

2022年4月，会社に通う日々がはじまりましたが，実際には，対話や問題意識の輪をひろげるなんて崇高な理想はほとんどかなわず，価値観や視界が個別的で多様であることに戸惑いながらも，差別や人権問題と向き合わずに生きられてしまう自らの特権性に辟易しています。

社会学部で学ぶメンバーは，少なからず同じような問題意識を共有し，必修の授業を受け，ある種近しい価値観を有していました。また，学生時代近しかったベンチャーに関わる人たちはおしなべて社会課題に感度が高い人たち。一方で，会社員になってから出会ったのは，理系出身者や，長くスポーツに心血を注いできた人たち。この人たちは，いわゆる「高学歴」の日本人が多く，そして，わたしが接点を持った大人の先輩たちは，自分の意志を込めて思いを持って働く，熱量ある人たちでした。ただ，その熱量が，わたしから見ると無邪気な「日本の肯定」に思えることもあります。たとえば，あるとき雑談として振られた安倍晋三元首相の国葬の話題。「人の葬式にぎゃーぎゃー騒ぐなんて（デモをする人たちは）意味がわからなくない？」という投げかけには，言葉に詰まってしまいました。「それってトーンポリシングではないか，そもそもなぜ反対しているのかを知ろうとしているの？　過去どんなことがおこなわれてきたか知っている？」と，考えがあふれながらも口を閉じてしまいました。悪意があって言っているのではなく本当に知らないのだろうなと感じるにつけても，どこから話していいのか，はたして対話の可能性があるのかと，怖くなってしまうのです。「日本を良くしたい」と語る人にこそ，伝えたいし，知ってほしいのに，そうできない自分が嫌になります。

加えて，バックグラウンドの多様さゆえに「人権の尊重やフェミニズムの話題を出したら，いったいどう思われるんだろう？」という感覚。たとえば，就職してから参加した飲み会では，ライトに容姿を揶

揄する発言や「その場のノリ」を優先した発言が出てきても，だれも
ハラスメントですよとか，やめましょうとか言わず，むしろそれを楽
しんでいること。気の置けない関係性であることを確認するためのコ
ミュニケーションという面もあると思いますが，それによって傷つい
ている人がいないだろうかとモヤモヤしながらも，わたし自身笑って
誤魔化してしまうのです。そして，たとえばわたしがその場で異議を
唱えたとして，根本的なことを伝えられるのだろうか，という胸のつ
かえがとれません。

　自分の無力さを感じるたび，大学でなにを学んできたんだという自
分への怒りが湧いてくるたびに，「卒業したら，終わりですか？」とい
う言葉が頭をよぎります。

　そして，それ以上に苦しいのは，「そんなことより」と思えてしまう
自分のマジョリティとしての特権性。

　もともとわたしは自らが「政治的」であることは難しくないと思っ
ていました。友だちとの会話で選挙のことを話したり，SNSで発信
をしたり。小さなことかもしれませんが，「政治的な発信は避けるべ
きだ」「偏った意見はよくない」という価値観に揺らぎを生もうとして
いました。

　しかし，本格的に働くようになってから，求められるレベルに自分
のスキルが追いつかず，日々に忙殺されはじめ，ニュースで流れる
「ミサイルが」とか「軍拡が」といった聞き捨てならない話題も気づけ
ば素通りしています。「そんなことより，このプロジェクトが，あの
お客様が，この目標が……」と，自分の仕事の原動力の根っこにあっ
たはずの感情や，それについて対話したかったはずの自分がどんどん
置き去りになっているのです。「仕事を通じてなにかできないか？
いや，まずは目の前のことにきちんと取り組んで」と，「そんなこと」
ではなかったはずのことを，遠くへ遠くへ押しやっているのです。「そ
んなことより」と言うときにだれかの足を踏み続けていること，無自
覚に傷つけてしまうかもしれないこと，「そんなことより」と言えてし

まう自分の特権性を強く感じています。

　そんな葛藤を抱きながら，会社員としてモヤモヤ本Iに関するイベントに登壇する機会をいただきました。そして，参加者の方々と話をする企画で，出てきた質問。

　　植民地支配の問題について理解を拡げるために，「人権」という言葉で響かない，倫理で響かなかったら，「この問題に取り組むことは一生の財産ですよ」とか「人生が豊かになりますよ」みたいな言い方をして，それでちょっとでもコミュニケーションが回路ができればいいんじゃないかな，と思ったのですが，いかがでしょうか？

　正直，示された可能性にぐっと惹きつけられる感覚もありました。社会に目を向けると，きっと「人権」が伝わりづらい人もいるだろう，前提があまりに違って声が届かない人もいるのかもしれない，とも思います。

　けれど，それは違う，と思いました。

　加害国に属する自分が，その問題について知ることによって人生が豊かになりますよという言説には，矛盾があると思うのです。むしろ，正しくありたい，人の足を踏んでいるということを自覚したい。歴史について学ぶことはそうした意味で自分にとって当たり前のことであり，それによって豊かになると言うことは，さらにまただれかの足を踏むことになるのではないでしょうか。「豊かである」というのはひとつの伝え方や表現として良いのかもしれない。ポジティブな伝え方のほうが受け入れられやすいのはわかるし，輪をひろげていくにはそちらのほうがいいのかもしれない。けれど，やはりそうではない，と思うのです。

　さて，会社員2年目に突入して間もない，2023年5月頭。ゴールデンウィークの連休で，学部生時代はコロナのためかなわなかったゼミ

の韓国合宿に同行しました。留学しているモヤモヤ本Iを一緒に制作した同期や，自分たちで活動の幅をひろげていったゼミの後輩たちと，韓国の史跡や博物館をめぐりました。

　感じたのは，歴史を継承していく意志。そして，未来を自分たちでつくるのだという熱量。

　龍山歴史博物館ではスタッフから前近代における朝鮮の発展と未来に向けた取り組みについてうかがいました。印象に残ったのは「悔しいのは，自分たちの力で発展できなかったこと」という言葉。1904年の日露戦争で日本の軍事拠点とされ，その後日本軍の基地が置かれた龍山は，古くから交通の要所とされており，資本主義的な発展・近代化の素地があったのです。日本の軍事支配と収奪によって朝鮮独自の内在的な発展が実現されなかったこと，そして，だからこそこれからの地域のあり方が模索されていること。未来への強い意志を感じました。

212 　歴史を乗り越え，未来へとつないでいこうという空気は，光化門広場前でおこなわれていたメーデーのデモからも伝わってきました。数万という人びとが集まり（そのなかにはわたしと同世代の若者を多く見かけました），座り込みや演説，歌を歌って主張する様子には「自分たちが未来を創る」という意志がありました。

　そして，朝鮮半島ではいまだに戦争が続いていること。街中では，兵役中の休暇と思しき軍服を着た青年の姿をたくさん目にしました。

　「きみはこれからどうするの？」と，問われた気がしました。

　会社員として，抵抗を諦めたこと，笑って誤魔化したこと，本当は良いと思えないのに良いと思うと口に出したこと，それが本当に苦しくて悔しいこと。自分の考えを伝えることは，途方もなく遠く見えるけれど，自分が今いる場所でできることをもっとしなくてはいけない，と強く思いました。学びの機会を模索すること，目の前のことにおかしいと声をあげること，同じ考えを持つ人と連帯すること。自分が共感する団体を応援することもそのひとつの形かもしれません。

「大学を卒業したら，終わりですか？」

　終わりなんて来ないと思います。そして，自分の豊かさのために向き合い続けるわけでもありません。当事者として，過去の過ちを風化させる過程，差別の構造にただ加担し続けたくないのです。構造を破壊していく責任，人権侵害の歴史を風化させない責任を，自分のできることから果たしていきたいのです。

　同年5月末。上司と初めて1対1で食事に行きました。そして，初めて自分の学んできたこと，考えていることを話しました。

　「そういう強い意志や伝えたいこと，仕事を通じて実現していってほしい」。

　上司の言葉がどこまで本心だったのか，どこまでわたしの考えが伝わっていたのかわかりません。ですが，なにかひとつ，前に進める気がしています。こういう社会が，組織がいいと言葉にすること，おかしいと思うことに声をあげること。仕事を通じてだけでなく，日々学ぶこと，考えること，発信すること。

213

　わかりやすい結果はすぐには見えてこないかもしれません。直接的になにかを大きく変えることはできないかもしれません。それでも，人権尊重の思いを持って働くこと，「そんなことより」と言えてしまう自らの特権性に抗うこと，一人ひとりの個人的な取り組みにもきっと意味があると思うのです。

　どうか，この本に出会ったあなたも，一緒に学び，考え，思い続けてくれませんか？

　どんなに小さな行動だとしても，構造に揺らぎを生めるはずだから。

　「社会は変えられる」。それは，これまで人びとが選択し積み重ねてきた事実としての歴史が証明していることであり，これからのわたしたちが選んでいけることだと思うのです。

学び場紹介　キボタネって？

朝倉希実加

　日本軍「慰安婦」問題についてより深く知りたい，自分も関連する活動に関わってみたいと思う人もいるのではないでしょうか。そんな人にお勧めしたいのが，希望のたね基金（以下キボタネ）です（https://www.kibotane.org）。

　キボタネは，「日本の若者が日本軍『慰安婦』問題について学び，性暴力のない社会づくりに役立てるための基金」として2017年に設立されました。日本軍「慰安婦」問題を終わらせるのではなく，「記憶・継承」することを目指し，二度と同じような被害を生まないための取り組みをしています。

　主に啓発事業・日韓若者交流事業・助成事業の三つの事業をおこなっています。啓発事業では，日本軍「慰安婦」問題について理解するための連続講座やサバイバーたちの証言を直接声に出して読む「証言を読むワークショップ」，日本軍「慰安婦」問題に関する映画の上映会などをおこなっています。連続講座では，2021年に日本軍「慰安婦」問題解決運動について学ぶことができる講座を，2022年には韓国における性暴力・性搾取に反対する女性運動について学ぶことができる講座を開きました。わたしも「証言を読むワークショップ」に参加した経験がありますが，その場でサバイバーたちの証言を声に出して読む体験は初めてでした。「証言」というと「慰安所」での生活に焦点があてられることが多いですが，サバイバーたちの人生そのものについて考えなければならないとあらためて感じました。

　日韓若者交流事業では，主にスタディーツアーの運営をしています。実際に韓国に行くという体験を通して，日本軍「慰安婦」問題や植民地支配について考えます。2023年3月には，コロナ以降初となるスタディーツアーをおこないました。その際には，植民地歴史博物館や戦

争と女性の人権博物館を訪問し，水曜デモにも参加しました。また日本軍「慰安婦」制度サバイバーである金福童ハルモニの故郷である慶尚南道・梁山を訪れ，ハルモニの人生について考えました。

　キボタネでは，「マリーモンドジャパン」というブランドの運営もしています（https://www.marymond.jp/）。マリーモンドは，2012年に韓国の若者によって，「人権を守るために活動するライフスタイルブランド」として立ち上げられました。日本軍「慰安婦」にされた女性たちの人生を学び，その人を象徴する花を選び，その花をモチーフにしたスマホケースなどの商品を販売しています。売り上げの一部を日本軍「慰安婦」問題の教育や支援に寄付する活動をしていましたが，韓国内におけるフェミニズムや日本軍「慰安婦」問題に対するバッシングの影響を受け，2021年11月に活動を休止しました。マリーモンドジャパンでは，韓国マリーモンドの活動休止を受け，現在は商品の製造販売をしています。

　また，2021年4月から2022年6月にわたる「日本軍『慰安婦』問題解決運動史聴き取りプロジェクト」では，これまで日本軍「慰安婦」問題の解決運動に取り組んできた10名の方々の聴き取りをしました。みなさんの生い立ちから学生時代，なぜ日本軍「慰安婦」問題に取り組むことになったのか，どのような活動をおこなってきたのかをうかがいました。そして，サバイバーとともに活動をするとはどういうことなのか，今を生きるわたしたちにはなにができるのかを考えました。2022年11月から2023年4月にかけて取り組んだ「裵奉奇さんの花を見つけるプロジェクト」では，朝鮮から沖縄に日本軍「慰安婦」として連れて来られた裵奉奇さん（本書167頁参照）に贈る花を決めました。裵奉奇さんの人生を知る過程を通じて，わたしたちがハルモニの人生を象徴するような花をひとつに決めることの難しさ，継承することの難しさにも向き合うこととなりました。

　みなさんも，キボタネの講座やツアーに参加したり，マリーモンドの商品を手に取ることで「記憶・継承」の一部を担ってみませんか。

座談会 日本社会を地道に 変えていくこと

　わたしたちは日本社会を真の意味で人権が尊重される社会へと変えていくためになにができるのでしょうか。歴史研究や歴史教育の果たすべき役割，市民社会のなかで学習の場をひろげていく方法，社会運動のあり方などについて話しました（2023年5月2日，韓国・ソウル。当時の学年等は，座談会「モヤモヤ本Ⅰの刊行はわたしたちにとってどのような経験だったのか？」と同じ）。

なにをどのように研究するのか

熊野：今，沖田さん以外の4人が大学院に通っていますが，どのような思いでどんなことを研究しているのか話してもらえますか。

牛木：大学院に進学した動機としては，どちらかと言うと大学院に入ることで市民運動に関わったり，市民運動のネットワークとつながることができるのではないかと考えたことが大きかったです。それから，韓国の大学院に行くことも選択肢にあったのですが，やはり日本社会で在日朝鮮人と連帯をしていくことが大切だと思いましたし，社会運動も研究も日本の現場で日本語でやることが日本の人に一番伝わりやすいと考えて，日本で進学する決断をしました。

　研究としては，朝鮮北部の平安北道のある農村地域が，植民地支配のもとで経済的にどのように収奪を受けて，破壊されていったのかを

考察しています。自分自身が高校や大学で教育を受けてきて，植民地支配がどのようなものだったのか，いまだに十分にわかっていないので，それを知りたかったからです。自主的につくられた社会が，他の民族の手で奪われるということはいったいなにを意味するのかを知りたくて，実態を具体的に見ていくうえで，地域社会というミクロなレベルで検討するのがよいと思いました。

　そして，どこまでできるのかわからないのですけれど，日本の侵略がなければあったであろう朝鮮独自の発展の可能性や，植民地支配のもとで蓄財する朝鮮人上層がいたとしても朝鮮社会（大多数の朝鮮民衆）の富にならなかったことを明らかにしていきたいです。これは，日本社会の歴史認識を変えるために大事な作業だと思っています。

　それから，朝鮮南部，つまり現在の韓国に対する日本の侵略と支配については相対的にとりあげられますが，朝鮮北部，つまり，現在の朝鮮民主主義人民共和国に対して日本が侵略や収奪をしたことはそもそも話題にものぼらないわけです。朝鮮北部の地域社会をとりあげようと思ったのは，それが理由です。

　なぜ収奪の問題にこだわるのかと言うと，日本による植民地収奪の結果，故郷での生活基盤が破壊され，朝鮮人が世界中に離散したからです。在日朝鮮人は，そのような形で日本にやむをえず渡ってきた人びととその子孫です。在日朝鮮人はもちろん中国などほかの地域に存在している朝鮮人の子孫のことが，日本社会では不可視化されているので，それを明らかにして伝えることが必要だと考えています。

　ところで，最近高校で歴史を教える機会があったのですが，今の教科書の記述はかなり問題があって，歴史的事実とは違うんじゃないかという部分もあります。ですから，歴史研究は信頼できる情報を，どんどん発信していくことが重要です。それから，教える立場にある人が歴史研究の成果にきちんとつながれることが大切だと思います。大学で教職課程の授業をとっているのですが，教員を目指している人たちの多くが朝鮮史をまったく無視しているように思います。この人た

ちが将来，歴史教育をするのか，という怖さがありますね。

熊野：今，自分も教職課程をとっているので同じようなことを感じています。たとえば，そうした授業で議論をすると「十五年戦争は悪かった」という話はそれなりにされるのだけれど，それ以前の朝鮮侵略や植民地支配の問題はほとんどスルーされているように思います。たとえば，「大正デモクラシー」への関心はあるのですが，その同時代にあった関東大震災時の朝鮮人虐殺のことはほとんど認識がないのです。朝鮮への侵略とか植民地支配の問題にまったく意識がない人が，社会科の教員になるのは本当に怖いなと思います。

李：研究の話に戻りますが，自分の問題意識は，日本の地域社会の側から侵略の問題を考えることです。近代における福井県の敦賀港(つるが)の海外航路の問題を扱っているのですが，それは単純な海外貿易ではなくて，侵略や植民地支配の問題と関わっているわけです。国家だけではなくて，地域社会の側も海外への経済的進出の過程で侵略に加担しているのではないかという問題意識で研究をはじめました。

　一橋大学元教授で，加藤先生の前々任者である姜徳相(カンドクサン)先生は「日本の曲がり角には必ず朝鮮がある」と指摘されています。それは日本の地域社会のレベルでも同じことが言えるのではないか。たとえば，「敦賀の曲がり角」にも朝鮮があるのではないか，と考えました。

　研究にあたっては，近代敦賀の商工会議所の史料を検討していますが，朝鮮との関係，朝鮮侵略に関する記述がたくさんあります。この史料は，これまでの研究でも利用されているのですが，朝鮮との関係については十分にとりあげられていないように思います。だれもが接することができる史料のなかに朝鮮侵略の問題が書かれているにもかかわらず，そこは無視ないし軽視されていることを感じました。

朝倉：わたしは，植民地期の朝鮮人の女性運動について研究しています。それは朝鮮人女性が社会的に弱い立場に置かれ，その声が聞かれてこなかったからですが，なによりも，自分自身が聞いてこなかったし，見ようとしてこなかったからです。植民地支配のなかで朝鮮人女

性がどういうふうに生きてきたのかを知りたいのです。そこには一人ひとりの女性がいて，それぞれの人生があるわけじゃないですか。残されている史料が少ないので簡単ではないのですが，女性個人の人生に迫ることができたらと考えています。そうした視点を提示することで，植民地支配の問題が，人権の問題だし，実際に人がいる問題なんだということを伝えていきたいです。研究するということは，社会と遠い話ではなくて，社会と密接に関わることだと考えています。

熊野：自分の場合は，朝鮮の問題に向き合うきっかけになったのが，日本軍「慰安婦」問題だったので，それがずっと問題意識の根底にあります。日本軍「慰安婦」問題は民族差別・女性差別・階級差別というさまざまな差別が絡まった問題ですが，この問題に出会ったときに，仮に日本側が日本軍「慰安婦」問題に真に向き合ったら，日本の「常識」はひっくり返るんじゃないか，と感じるぐらいの衝撃がありました。それは日本人中心的な見方ではあったのだけれど，日本軍「慰安婦」問題はすごく現代的な課題に直結していると思ったのです。どういうことかと言うと，日本帝国主義は朝鮮植民地支配のなかで民族差別・女性差別・階級差別を拡大させて，日本軍「慰安婦」制度もつくりだされたわけですが，敗戦後も日本はそれを清算することなく，結局現在まで差別が再生産されているためです。

　この問題を通じて，日本人男性として自分の加害性や特権性に向き合うことになりました。今も友だちのなかには「買春」する人がいるし，自分自身もそちら側に行っていたとしてもおかしくなかったなという感覚があるわけです。過去から現代まで日本は，性搾取や性売買に支えられていると感じています。

　そうした日本の現状に対する問題意識を前提として，日本帝国主義がいかに民族差別・性差別・階級差別に支えられていたのか考えたいと思っています。また牛木さんの話とも重なりますが，植民地期の朝鮮社会でなにがあったのかということが，具体的によくわかっていない気がするのです。以上をふまえて，地域社会の視点から日本軍「慰

219

安婦」制度の前提となった植民地朝鮮における公娼制度や性売買の問題を研究することにし，対象地域としては平壌を選びました。南北分断にとらわれない歴史像を意識しています。

大学・大学院に通うことの困難さ

熊野：わたしたちは大学で学んだからこそモヤモヤ本Ⅰをつくることができたし，進学した4人にとって大学院はとても重要な拠点です。そう考えたときに，大学や大学院の学費が高騰し，奨学金制度も貸与型のものが中心で脆弱であることは大きな問題で，改善が必要です。

牛木：アルバイトに追われてしまって，勉強や研究に集中できないケースも少なくありません。それ以前に，経済的理由で大学や大学院で学びたくても学ぶことが難しいという人もいますね。

熊野：経済的な面に加えて，家庭環境や地方格差，ジェンダー差別などに規定されて，そもそも大学や大学院で学ぶことを想像もできない状況に置かれている人もいるかと思います。

朝倉：大学や大学院にもっとアクセスしやすくなることは，社会を変えていくうえで大切だと思います。それから，留学に行くのも経済的な面でハードルが高いです。もっと給付型の奨学金や研究助成などを充実させるべきです。

牛木：また，これは日本社会全体に言えることなのでその点には留意しつつ，大学院という場が女性にとって生きやすい環境であるとはまだまだ言えないと感じています。マスキュリンな空気や会話・扱いに日々直面しながら，経済的制度も不十分であり，かつライフイベントと研究活動を天秤にかけざるをえない場面が出てくるという点で，女性にとって研究活動を続けることのハードルはかなり高いと思います。さらにジェンダー以外のマイノリティ性も付加された場合，その負担は想像に絶します。もちろん女性の研究者は増えているのですが，かのじょたちが男性研究者よりも多くの負荷のもとにあることは

忘れられてはならないでしょう。

朝倉：キボタネの聴き取りプロジェクト（本書215頁参照）で，東京外国語大学の教授だった金富子さんが「子育てと研究と活動は三立しないと考えている」と話していました。金さんは，常にそのなかからふたつを選んできたそうです。女性国際戦犯法廷（2000年12月東京で開かれた「日本軍性奴隷制を裁く女性国際戦犯法廷」のこと）の準備をしていた際には，子どもが幼少期だったので，活動と子育てを選んだと話してくれました。もちろん牛木さんが言っていたように，これは大学院という研究の場だけの問題ではないのですが，やはり女性のほうが結婚・出産・子育てについて考慮しながら生きなければならないのが現状で，より負担を強いられていると思います。実際に『男女共同参画白書』を見てみると，女性の大学院進学率は男性の半分以下で，女性研究者の割合は20％にも満たないのです。

時務の研究

李：先ほども紹介しましたけれど，わたしたちが研究していくうえで，姜徳相先生の存在はとても重要ですよね。

熊野：そうですね。姜徳相先生が亡くなる直前に，その生涯が語られた聞書き『時務の研究者　姜徳相——在日として日本の植民地史を考える』（三一書房，2021年）が出版されました。「時務の研究」とは，今，歴史家がやらなければならない仕事という意味です。

李：今の現実の課題と向き合って，歴史を研究すべきだということですね。そういうことを意識しながらわたしたちも研究していく必要があると思いました。

熊野：今「慰安婦」問題が本格的に問題化されて約30年が経っているわけですが，運動のほうはキボタネなどを通して若い世代が少しずつ出てきているのだけれど，日本軍「慰安婦」制度ないしは植民地公娼制度の問題を研究していこうという人はあまりいないように思いま

す。吉見義明さんや，林博史さん，宋連玉さん，金富子さん，藤永壯さんをはじめとした方々がやってきた研究を，その足元にも及ばないのですが，微力ながら継承していくという意味でも，やっていかなくてはいけないと思っています。また，現代の性搾取の問題とも密接なつながりがあるので，まさに「時務」だと思っています。

　ただ，自分の場合は，まだ日本の侵略や支配など，日本側のことを中心とした歴史が研究の中心になっているので，将来的には朝鮮人側の歴史をより本格的に見ていきたいと考えています。

　さて，ここからは，朝鮮近代史や日本による侵略戦争・植民地支配に関する歴史研究全体の意義について，もう少し考えてみたいと思います。それは，加害と被害の歴史を記憶していく営為であるし，また，歴史否定論に対する抵抗でもあると思うのです。

　日本軍「慰安婦」問題に関する研究を考えてみると，1990年代に吉見義明さんたちによって研究が進展したことで，実際に歴史教科書にこの問題が掲載されるようになりました。歴史研究が日本人一人ひとりの歴史認識の根本に大きく関わっているわけです。残念ながら，2000年前後からの攻撃によって消されたり歪められてきてはいますが，自分自身のことを考えても，研究成果があって，それを学ぶことができたからこそ，歴史認識が大きく変わったわけです。

　それから，徐京植さんと一緒にシンポジウム（徐京植『在日朝鮮人ってどんなひと？』刊行10年記念イベント「日本社会とわたしのモヤモヤを考える」徐京植×牛木未来×熊野功英，2022年6月11日，オンライン）をやったときに，「日本の加害の歴史やその暴力性を思い出させる人が必要だ」という話がありました。自分は日本人として日本人に対して，マジョリティのなかからマジョリティに対して，日本の加害の歴史や暴力性を思い出させる一人であり続けたいと思っています。

大学の外にいかに学びの場をつくるのか

沖田：功英くんの話を聞いて，まさにそのとおり，と思いました。歴史研究はとても大事だと感じます。わたし自身はその道には進まないという選択をしたわけですが，じゃあどうやって今の日本社会の認識に揺らぎを与えられる存在でいられるか，ということを常に考えています。大学以外の場でそういうあり方を模索したいと考えています。学び続けることが大切なのかなと思います。

熊野：大学以外の場で，学び続けることが大切ですよね。

沖田：そうですね。日本の加害の歴史や暴力性を思い出させ続ける存在でありたいというのはわたしも同じですし，差別の構造に加担しないという意味でも，それが自分が果たすべき役割なのだろうと感じます。それを前提としつつ，ふたつ考えていることがあります。

ひとつは人権意識の問題です。わたしは，差別・抑圧されている人たちの生きづらさの根本に，日本社会の人権意識の薄さがあるんじゃないかと思っています。差別禁止法の必要性すら理解されていないその根本には，人権教育が十分になされていないことがあると思います。そうした状況を変えていくためにも学び続けることが大切です。

それから，人権意識に関して少し別の問題を言うと，ビジネスの世界では「うまくいかないことがあってもそれは自分でなんとかしなきゃいけない」「どうしたらうまくできるか考えよう」というのが基本姿勢だと感じています。でも，すべてが個人の問題ではなくて，社会構造の問題ということも多いと思うんです。すべてを自己責任論で片づけてしまうのは暴力性があると思うし，自己責任の思想を持たせることで，社会がより良くなる可能性が閉ざされてしまうんじゃないかと感じています。そうした側面を忘れてしまわないためにも，歴史や社会，そして人権について学び続けることが大事だと思いました。

ふたつ目は，今の情勢に関わってのことです。そもそも世界で戦争

223

figure 23　ラオン主催の映画上映会

提供：ラオン

が起きていないことはないぐらい，ずっといろんなことが起きていますが，特に最近，「日本に攻め込まれたらどうするんだ」という言説がすごく受け入れられやすくなっているんじゃないかと感じています。「攻められたらどうするんだ」と言う前に，自分たちの国や社会がやってきたことをちゃんと認識し，しっかり見つめ直さないと，またおかしな方向に走り出してしまうような気がします。

　だからこそ，研究以外の世界にいる人たちも学び続けることがとても大事だと思っています。

　熊野：人権意識の話をしてくれましたが，自分としては人権を軸とした生き方をしたいと思っています。それは自分が他者を傷つけたくないという意味でもあるし，差別や暴力を無視した生き方をしたくないということです。それは，大学以外で学び続けたり活動し続けることの大切さと関連しますよね。

　自分は研究者以外の人がどう生きていくかという問題も重要だと考えています。歴史研究者が史実を明らかにすることはとても重要なのだけれども，明らかにしただけではなかなか社会には伝わらない。歴史教科書や歴史教育などを通して伝わるかもしれないけれど，伝えるには時間がかかるわけです。ですから，歴史を伝える人，それを語り合って，つないでいく存在が重要だと思うのです。

　モヤモヤ本Ⅰもそうした実践だったと言えます。過去に歴史家が明らかにしてくれたことをモヤモヤ本Ⅰという形でまとめ，それを読んだ人たちが語り継いでいってくれたことで，いろいろな人につながり，ひろがり，その人たちの歴史認識が変わったのですから。伝える

人，語り継ぐ人がとても大切です。

李：社会を変えていくためには，少数の人だけではできない側面があって，多数の人が学んでこそ，社会は変化すると思うのです。

牛木：大学院に行かないとこういう問題と関わりにくい環境自体がおかしいということを，もっと意識しなくちゃいけないですよね。

　研究者以外の仕事をしながら運動するのは，「この人みたいに……」と思えるロールモデルがほとんどいないですよね。一方で，研究者や大学教員をしながら運動をする人はいるので，比較的イメージが持ちやすい。それ以外の職の場合は本当にモデルがないことが心許ないです。そこが変わらないと厳しいと思います。

熊野：沖田さんも感じているとは思うけれど，仕事との両立は時間的な面での難しさがある。それは資本主義の世界のなかで構造的に労働者の自由時間が奪われているということだと思います。そういう構造はなかなかすぐには解体できないでしょう。そういう環境自体がおかしいわけですが，だからこそ本書では，Fight for Justice などオンラインで手軽に学べるウェブサイトを紹介したり，キボタネやラオンなどサークル的に関われる場を紹介しました。なにかに関わりたいという人たちはぜひそういう場につながってみてほしいと思います。ラオンの話になりましたので，立ち上げに参加した牛木さんから，これをやろうと考えた理由をお話しいただけますか。

牛木：自分からというのではなく，声をかけていただいたのですけれど，代表の方の考えにすごく共感したのです。ラオンは在日朝鮮人について市民や学生などさまざまな人が学んでいく場をつくる市民団体で，わたしにとってとてもワクワクするものです。モヤモヤ本 I の経験が自分にとってすごく良かったので，それを別の形でやっていこうということです。ラオンは自分の拠点だと考えています。

李：わたしもラオンに関わっています。モヤモヤ本 I は 1 万部以上売れましたが，社会全体で見たら 1 万部ってそれほど多くないわけです。最近は本を読まない時代になっていて，なかなか伝わらない。モ

225

ヤモヤさえ感じない人も多いのかなと思っています。そのあたりは，モヤモヤ本Ⅰを出してからもずっとモヤモヤしたところでもあります。もっと日本のなかの差別や抑圧の問題に気がつくことができる場が必要じゃないかと思いました。大学の外に，それぞれが自分の生活をしながら，問題意識を共有して勉強する場をつくろうと考えたのです。

一人ひとりの小さな積み重ねで

熊野：日本社会は簡単には変わらないという諦念がひろがっているという話もありました。しかし，だからこそ諦めずに，日本社会を少しずつ地道に変えていくことがますます重要であるように思います。

牛木：わたしの場合，研究と活動を両立することは，活動を支える人数が少ないために物理的に厳しいと感じることがあります。でも，だからといってそれを諦めることは，絶対に自分としては幸せなことじゃないと思うのです。自分がやるべきだと考えていることを諦めることは選択肢にありません。

　このような話は，この場だったり，一緒に活動をしている人たちのなかではできますが，それ以外の場では難しいわけです。家族であっても理解してくれません。「なんでそんな大変なことをいろいろやっているの。ちょっと減らせばいいじゃん」と言われます。それから，「そんなに一人でがんばっても社会は変わらないじゃん」「だからもうちょっと楽になることを考えなよ」と言われることもあります。たしかに一人ではできないんですよ。一人でなにかするというのは間違っている。でも，そうじゃなくて，ちょっと強い言い方をすると，諦めて傍観しているんじゃなくて，「じゃあ，一緒にやってよ」と思ってしまうのです。小さい力が集まるだけでも運動にとってすごいパワーになる。一歩引いてしまうのではなくて，できることからでいいから，学びはじめるだけでもいいから，パワーを添えてほしいんですよね。

朝倉：去年は本当に社会運動や研究で忙しくて，家で疲れた様子をしていたら，「自分で忙しくしているじゃん」みたいに言われて……。

牛木：本当に，本当にそうなんだよ。

朝倉：活動を全部やめるという選択肢はそもそもないから，「やめればいいじゃん」と言われても，こっちとしては「あぁ……」となる。

牛木：そうだよね。一方で，「すごく大変そうに見える」とまわりの人に言われるので，それが逆に活動を一緒にやってくれる人を減らしていたりするのかなと思うところもある。でも本当は，大変なんだけど楽しいんですよね。そこに意義を感じることがあるので。

朝倉：そういうふうに感じられる場自体がそもそも少ないじゃないですか。わたしたちにとってそういう場って，すごく安全に話せて，歴史の話とか人権の話をなにも気にせずに話せる。「これは話しちゃダメかな」とか「これは話していいかな」とか，そういうことも考えずに「今，こういう問題が起きているけどおかしいよね」みたいな話ができる場があること自体がとても重要なことだと思います。

牛木：そういうオルタナティブな世界が，以前の自分自身には全然なかったので，本当に貴重だと感じます。

朝倉：社会を地道に変えていくことについて言うと，活動をやっていてなにかがすごく変わったと実感することはそんなにはないと思うのですよ。たとえば，インスタグラムのストーリーで社会問題についてなにか発信したときに，身近な人が反応してくれてうれしいと思うことはあっても，急激にすごくいい社会になったなと思うことは，まずありません。それでちょっと疲れたりすることもあるけれど，できるところから，少しずつ変えていければいいなと思います。

　それから，社会運動は，たとえばキボタネや Fight for Justice などの団体に所属しなければいけないわけではありません。それこそみなさんが言っているように，学んだり，イベントに参加したり，SNSでちょっと発信するとか，そういうことを一人ひとりがやれば，それも大きな力になると思うのです。

227

もうひとつ活動の意義について言うと，たとえば日本軍「慰安婦」問題の活動は，それ自体が被害者たちの記憶を継承することでもあるわけです。活動して変わらないから意味がない，というわけではなくて，活動すること自体に意味があるのではないかと思います。

熊野：自分は「人権問題と社会問題に関心がある」と言ったら，よく「政治家になったら」と言われるのですが，違和感を感じます。まず，現実的に見て一人の政治家の力で変わる問題じゃないと思う。歴史を学ぶと，最後には民衆とか市民が歴史を変えてきたことがわかるわけじゃないですか。そういう点から歴史を学ぶというのは社会を変えるための想像力を育むという意味があると思います。

　今の政治や社会は，過去の人びとが選択して積み重ねられた結果できあがったものなのであって，これから先，良い方向でも悪い方向でもそれを変えていくのは人びとの選択の結果なのだと思います。だからこそ，いい方向へと変えていく選択をしていくことが必要です。

　社会を変えると言っても，そこに特定のゴールがあるわけではありません。もちろん，法律が改正されるなどの区切りはあるかもしれないですけれど，一方でそれで終わりということではないですよね。その時々にいろいろな課題が出てくるのだと思います。市民一人ひとりがより良い社会をつくっていくことは，終わりなき営みです。ただし終わらないからといって，決してネガティブなことではなく，ポジティブなことだと言えます。より良き社会をつくっているという意味で自分たちはポジティブな運動をしていると思っています。

　最終的なモチベーションとしては，なにもしないで死にたくないというか，いい選択をして生きていきたいと思いますし，先ほどの「正しいことをしていきたい」ということにも関わるのですが，自分はそういう意識が強いです。

沖田：今の話はとても大切なことだと思いつつも，けっこうハードルが高いと感じる人もいるだろうなと思います。それこそわたし自身は社会運動など活動に参加できていないというのが，ずっと負い目なん

ですけれども……。最近，思っているのは，興味のきっかけとか入り口になるような行動が大切なんじゃないかということです。わたし自身は，そこに関心を寄せることへのハードルを下げる取り組みをしていきたいと思っています。たとえば，SNSで社会問題に関するアカウントや投稿をシェアするとか，自分の考えをつらつらと書いてみて，だれか読んでくれたらいいな，とか。政治や社会問題との付き合い方を，100％は無理だとしても，「これぐらいのあり方，付き合い方もあるよ」ということを自分で示していく。本当に超地道で些細なことなのですけれども，差別の問題を考える側や，社会運動の側に立っているよ，ということを示す人が増えたら，世の中は変わっていくのかなと思うのです。0か100かではなくて，1でも2でもなにかできることを，という感じで自分自身はがんばっていきたいなと思いました。

熊野：「活動」と聞くとすごく特別なことに聞こえちゃうけど，自分はそれが生活の一部だと思うので……。

朝倉：自分自身が活動しているという意識が強くあるわけじゃなくて，むしろ当たり前のようにやってるかな。

熊野：日本だとどうしても特別なことに聞こえちゃうけど，たぶんほかの国とかほかの社会では，生活の一部として話したりするので。

沖田：「日常のことだよね」と言えるようにしたいですよね。選挙前くらいしか，できていないんですが……。

李：韓国社会の経験を見ても，みなさんが指摘していたとおり，一つひとつの選択が積み重なって今の社会が形成されているわけですし，些細な行動一つひとつが将来の社会の形成につながると思います。そのような認識をみんなが持ったうえで，自分がやれるところからやっていくことで，社会が変わっていくということですね。

沖田：本当にそう思います。だれか権力を持った人が変えてくれるということではなくて，一人ひとりの小さい積み重ねでなにかが変わるかもしれない。そう信じて，社会に向き合い続けていきたいですね。

◎参考文献一覧

※朝鮮語文献は日本語に訳し，＊を付した。

●全体
岡本有佳・加藤圭木編『だれが日韓「対立」をつくったのか——徴用工，「慰安婦」，そしてメディア』大月書店，2019年。

加藤圭木監修，一橋大学社会学部加藤圭木ゼミナール編『「日韓」のモヤモヤと大学生のわたし』大月書店，2021年。

●コラム 「日韓」の歴史を無視して K-POP を聴くことはできる?
加藤直樹『九月，東京の路上で——1923年関東大震災ジェノサイドの残響』ころから，2014年。

●座談会 「日韓」のモヤモヤと向きあう当事者性と想像力
岡本有佳・金富子責任編集，日本軍「慰安婦」問題 web サイト制作委員会編『増補改訂版 〈平和の少女像〉はなぜ座り続けるのか』世織書房，2016年。

平井美津子『「慰安婦」問題を子どもにどう教えるか』高文研，2017年。

テッサ・モーリス＝スズキ（田代泰子訳）『過去は死なない——メディア・記憶・歴史』岩波書店，2014年（初出2004年）。

●座談会 『「日韓」のモヤモヤと大学生のわたし』への現役大学生の声にこたえる
岡本有佳／アライ＝ヒロユキ編『あいちトリエンナーレ「展示中止」事件——表現の不自由と日本』岩波書店，2019年。

加藤圭木『紙に描いた「日の丸」——足下から見る朝鮮支配』岩波書店，2021年。

中塚明『歴史の偽造をただす——戦史から消された日本軍の「朝鮮王宮占領」』高文研，1997年。

●「なにが本当のことかわからない」のはどうしてなの?
伊藤昌亮『ネット右派の歴史社会学——アンダーグラウンド平成史1990-2000年代』青弓社，2019年。

伊藤昌亮「ネット右派の起源——90年代後半のネット右派論壇の成り立ち」清原悠編『レイシズムを考える』共和国，2021年。

岩崎稔，シュテフィ・リヒター「歴史修正主義——1990年代以降の位相」倉沢愛子ほか編『岩波講座アジア・太平洋戦争 1 なぜ，いまアジア・太平洋戦争か』岩波書店，2005年。

大串潤児「教科書訴訟・教科書問題と現代歴史学」大津透ほか編『岩波講座日本歴史第22巻 歴史学の現在（テーマ巻 3 ）』岩波書店，2016年。

加藤圭木「現代日本における朝鮮人への差別・暴力と歴史認識」須田努編『社会変容と民衆暴力——人びとはなぜそれを選び，いかに語られたのか』大月書店，2023年。

金誠明「在日朝鮮人の民族教育と自決権——朝鮮学校『高校無償化』排除と朝鮮民主主義人民共和国」『歴史評論』第822号，2018年。

権赫泰（鄭栄桓訳）『平和なき「平和主義」——戦後日本の思想と運動』法政大学出版局，2016年。

斉加尚代・毎日放送映像取材班『教育と愛国——誰が教室を窒息させるのか』岩波書店，2019年。

徐京植「和解という名の暴力——朴裕河『和解のために』批判」『植民地主義の暴力——「ことばの檻」から』高文研，2010年。

「戦争と女性への暴力」日本ネットワーク編『暴かれた真実　NHK番組改ざん事件——女性国際戦犯法廷と政治介入』現代書館, 2010年。

俵義文『戦後教科書運動史』平凡社, 2020年。

鄭栄桓『忘却のための「和解」——『帝国の慰安婦』と日本の責任』世織書房, 2016年。

中野敏男ほか編『「慰安婦」問題と未来への責任——日韓「合意」に抗して』大月書店, 2017年。

Fight for Justice (日本軍『慰安婦』問題webサイト制作委員会)「日本軍『慰安婦』・『強制連行』などを否定した閣議決定と教科書への政治介入を批判する声明 (FFJ)」2021年7月8日付 (https://fightforjustice.info/?p=5246 2023年6月18日取得)。

山口智美ほか『海を渡る「慰安婦」問題——右派の「歴史戦」を問う』岩波書店, 2016年。

吉澤文寿『日韓会談1965——戦後日韓関係の原点を検証する』高文研, 2015年。

吉澤文寿「[寄稿] 植民地支配の被害者の人権踏みにじる『1965年体制』を民主化しよう」『ハンギョレ』2023年3月11日付 (https://japan.hani.co.kr/arti/opinion/46156.html 2023年6月18日取得)。

吉田裕「戦争責任論の現在」『現代歴史学と戦争責任』青木書店, 1997年。

吉田裕「戦争責任論の現在」『現代歴史学と軍事史研究——その新たな可能性』校倉書房, 2012年。

「朝鮮戦争の終戦宣言に難色」REUTERSウェブサイト, 2021年11月7日付 (共同通信配信記事, https://jp.reuters.com/article/idJP2021110601000688 2023年6月21日取得)。

「ドイツの大学キャンパスから少女像撤去される　学生会が昨夏設置」『聯合ニュース』2023年3月10日付 (https://jp.yna.co.kr/view/AJP20230310001400882 2023年6月18日取得)。

「トランプは朝米終戦宣言を望んだが, 安倍が反対した」『ハンギョレ』2020年6月23日付 (https://japan.hani.co.kr/arti/international/37018.html 2023年6月21日取得)。

●歴史否定と「有害な男性性」

及川英二郎「石橋湛山の小日本主義と家族のアナロジー——ジェンダーの視点で読み解く帝国意識の系譜」『日本植民地研究』第28号, 2016年。

倉橋耕平『歴史修正主義とサブカルチャー——90年代保守言説のメディア文化』青弓社, 2018年。

樋口直人「ネット右翼の生活世界」樋口直人ほか『ネット右翼とは何か』青弓社, 2019年。

村山一兵・神戸女学院大学石川康宏ゼミナール『「ナヌムの家」にくらし, 学んで』日本機関紙出版センター, 2012年。

山口智美「ネット右翼とフェミニズム」樋口直人ほか『ネット右翼とは何か』青弓社, 2019年。

米山リサ「戦争の語り直しとポスト冷戦のマスキュリニティ」倉沢愛子ほか編『岩波講座アジア・太平洋戦争1　なぜ, いまアジア・太平洋戦争か』岩波書店, 2005年。

●韓国のなかでは歴史についてどう考えられているの?

金英丸「ソウルから日本の市民へのメッセージ——東アジアの平和を創る道を拓きましょう!」『アジェンダ：未来への課題』第67号, 2019年。

*金東椿『大韓民国はなぜ?　1945-2015』改訂版, サゲジョル, 2020年 (日本語版：金東椿 [李泳采監訳]『韓国現代史の深層——「反日種族主義」という虚構を衝く』梨の木舎, 2020年)。

*康誠賢「韓国思想統制メカニズムの歴史的形成と'保導連盟事件' 1925-50」ソウル大学校博士学位論文, 2012年。

*康誠賢『脱真実の時代, 歴史否定を問う』プルンヨクサ, 2020年 (日本語版：康誠賢 [鄭栄桓監修・古橋綾訳]『歴史否定とポスト真実の時代——日韓「合作」の「反日種族主義」現象』大月書店, 2020年)。

*ソン・ヨル「『慰安婦』合意の国際政治——アイデンティティー・安保・経済ネクサスと朴槿恵政府の対日外

交」『国際政治論叢』第58巻第2号, 2018年。

崔仁鐵「韓国政府樹立後の反共活動と国民保導連盟」一橋大学大学院社会学研究科博士論文, 2020年。

*韓洪九『大韓民国史』第1巻, ハンギョレ出版, 2003年A（日本語版：韓洪九［高崎宗司監訳］『韓洪九の韓国現代史　韓国とはどういう国か』平凡社, 2003年）。

*韓洪九『大韓民国史』第2巻, ハンギョレ出版, 2003年B（日本語版：韓洪九［高崎宗司監訳］『韓洪九の韓国現代史II　負の歴史から何を学ぶのか』平凡社, 2005年）。

*韓洪九『大韓民国史』第3巻, ハンギョレ出版, 2005年。

吉澤文寿『日韓会談1965──戦後日韓関係の原点を検証する』高文研, 2015年。

*韓洪九「生き返った親日勢力と独裁者の亡霊」『明日を開く歴史』第2号, 2008年。

*「韓国極右メディア, ハーバード大学に『慰安婦妄言』ラムザイヤーの支持声明を発送」『亜洲経済』2021年2月16日付（https://www.ajunews.com/view/20210216100050196 2023年6月28日取得）。

*「韓国財団が徴用賠償「日韓関係のための決断」…被害者は『反発』」『聯合ニュース』2023年3月6日付（https://www.yna.co.kr/view/AKR20230306072252504 2023年6月28日取得）。

*「岸田総理, 強制動員の謝罪どころか「慰安婦合意」履行も要求」『ハンギョレ』2023年3月16日付（https://www.hani.co.kr/arti/politics/politics_general/1083989.html 2023年6月28日取得）。

*「岸田総理『尹大統領の難しい決断に敬意』」『聯合ニュース』2023年3月17日付（https://www.yna.co.kr/view/AKR20230317147151073 2023年6月28日取得）。

*「ハリス『文大統領, 従北左派に取り囲まれている』発言が論争に」『東亜日報』2019年11月30日付（https://www.donga.com/news/Politics/article/all/20191129/98601249/1 2023年6月28日取得）。

*「米ホワイトハウス『尹大統領による対日措置の勇気・決断を評価…認められるべき』」『聯合ニュース』2023年3月31日付（https://www.yna.co.kr/view/AKR20230331009900071 2023年6月28日取得）。

*「尹大統領, またもや日本に低姿勢『100年前のことで「ひざまずけ」という考えに同意できない』」『ハンギョレ』2023年4月24日付（https://www.hani.co.kr/arti/politics/politics_general/1089210.html 2023年6月28日取得）。

*「尹大統領に向けた日本の「手厚い歓待」を強調…「夫婦のみの晩餐は珍しい」」『ハンギョレ』2023年3月16日付（https://www.hani.co.kr/arti/politics/politics_general/1083990.html 2023年6月28日取得）。

●コラム　取り消された毎日新聞・大貫智子氏の署名記事

加藤圭木「現代日本における朝鮮人への差別・暴力と歴史認識」須田努編『社会変容と民衆暴力──人びとはなぜそれを選び, いかに語られたのか』大月書店, 2023年。

加藤圭木・吉田裕「大貫智子『韓国文化を楽しむなら加害の歴史に向き合うべきか』（毎日新聞）の記事削除について」2023年2月16日付（https://researchmap.jp/blogs/blog_entries/view/92532/73276bdf391f276759604406be5f8d4f 2023年6月29日取得）。

●座談会　ソウルで考える朝鮮, 日本で学ぶ朝鮮

五郎丸聖子『朝鮮戦争と日本人　武蔵野と朝鮮人』クレイン, 2021年。

シンパク・ジニョン（金富子監訳）『性売買のブラックホール──韓国の現場から当事者女性とともに打ち破る』ころから, 2022年。

●在日朝鮮人と日本人のわたし

金誠明「解放後の法的地位をめぐる在日朝鮮人運動」一橋大学大学院社会学研究科博士論文，2021年。

金徳龍『朝鮮学校の戦後史——1945-1972』社会評論社，2002年。

小林知子「8.15直後における在日朝鮮人と新朝鮮建設の課題——在日朝鮮人連盟の活動を中心に」『在日朝鮮人史研究』第21号，1991年。

小林知子「戦後における在日朝鮮人と『祖国』——朝鮮戦争期を中心に」『朝鮮史研究会論文集』第34号，1996年。

五郎丸聖子『朝鮮戦争と日本人　武蔵野と朝鮮人』クレイン，2021年。

『朝鮮学校物語』日本版編集委員会編，地球村同胞連帯（KIN）・「高校無償化」からの朝鮮学校排除に反対する連絡会『朝鮮学校物語——あなたのとなりの「もうひとつの学校」』花伝社，2015年。

鄭栄桓『朝鮮独立への隘路——在日朝鮮人の解放五年史』法政大学出版局，2013年。

鄭栄桓「在日朝鮮人の『国籍』と朝鮮戦争（1947-1952年）——『朝鮮籍』はいかにして生まれたか」『PRIME』第40号，2017年。

鄭栄桓『歴史のなかの朝鮮籍』以文社，2022年。

朴慶植『朝鮮問題資料叢書——解放後の在日朝鮮人運動　1』第9巻，アジア問題研究所，1983年。

朴慶植『在日朝鮮人関係資料集成〈戦後編〉——在日朝鮮人連盟関係』第1巻，不二出版，2000年。

李愛玲「植民地責任と向き合う教育の可能性——在日朝鮮人・日本人の教師間及び学校間における交流史に着目して」一橋大学大学院社会学研究科修士論文，2023年。

●100年前の東京で起きたこと

梶村秀樹「在日朝鮮人の生活史」梶村秀樹著作集刊行委員会・編集委員会編『在日朝鮮人論』明石書店，1993年（原著論文，1983年）。

加藤直樹『九月，東京の路上で——1923年関東大震災ジェノサイドの残響』ころから，2014年。

姜徳相「関東大震災に於ける朝鮮人虐殺の実態」『歴史学研究』第278号，1963年 A。

姜徳相「つくりだされた流言——関東大震災における朝鮮人虐殺について」『歴史評論』第157号，1963年 B。

姜徳相「関東大震災下『朝鮮人暴動流言』について」『歴史評論』第281号，1973年。

姜徳相『関東大震災・虐殺の記憶［新版］』青丘文化社，2003年。

姜徳相「一国史を超えて——関東大震災における朝鮮人虐殺研究の50年」『大原社会問題研究所雑誌』第668号，2014年。

徐京植『在日朝鮮人ってどんなひと？』平凡社，2012年。

＊姜徳相ほか『関東大地震と朝鮮人虐殺』東北亜歴史財団，2013年。

徐台教「安倍元首相銃撃事件への怒りが，在日コリアンに向かうとき」『yahoo news』2022年7月8日付（https://news.yahoo.co.jp/byline/seodaegyo/20220708-00304689 2023年6月28日取得）。

関原正裕「関東大震災時の朝鮮人虐殺事件，国家責任を隠蔽した『特赦』『特別特赦』」『人民の歴史学』第227号，2021年。

ほうせんか編著『風よ鳳仙花の歌をはこべ［増補新版］』ころから，2021年。

＊山田昭次（イ・ジンヒ訳）『関東大地震における朝鮮人虐殺についての日本国家と民衆の責任』ノンヒョン，2008年（原著：山田昭次『関東大震災時の朝鮮人虐殺——その国家責任と民衆責任』創史社，2003年）。

「関東大震災96周年朝鮮人犠牲者追悼式典の横で右翼ら『韓国が嘘をついている』」『ハンギョレ』2019年9月2日付（https://japan.hani.co.kr/arti/international/34242.html 2023年6月28日取得）。

「地震発生後，日本で『朝鮮人が福島の井戸に毒を入れた』というデマまで」『ハンギョレ』2021年2月16日付

(https://japan.hani.co.kr/arti/international/39143.html 2023年6月28日取得)。
「東京都が朝鮮人虐殺題材の映像作品を上映禁止…作者「検閲だ」と批判　都職員が小池知事に忖度?」
『東京新聞』2022年10月28日付(https://www.tokyo-np.co.jp/article/210760 2023年6月28日取得)。

●多摩川を歩いて考える朝鮮
金隆明「指紋押捺制度の沿革と在日朝鮮人」『在日朝鮮人史研究』第34号, 2004年。
指紋押捺制度の撤廃を求める調布市民の会会報『ひとさしゆびに自由を』No. 3, 5, 1985年。
朴慶植「在日朝鮮人の生活史～東京付近を中心として～」『물레の会シリーズ5　多摩川と在日朝鮮人
地域にみる近代の在日朝鮮人生活史　市民講座の記録』調布ムルレの会, 1984年。
三井住友トラスト不動産『『京王電軌』による沿線の開発』『写真でひもとく街のなりたち』(https://smtrc.
jp/town-archives/city/chitosekarasuyama/p02.html 2023年6月11日取得)。

●コラム　大阪・生野と京都・ウトロを訪ねて
金賛汀『異邦人は君ヶ代丸に乗って──朝鮮人街猪飼野の形成史』岩波書店, 1985年。
杉原達『越境する民──近代大阪の朝鮮人史研究』新幹社, 1998年。
中村一成『ウトロ　ここで生き, ここで死ぬ』三一書房, 2022年。
＊パク・ミア「解放後在日朝鮮人の生活空間変容──大阪鶴橋一帯の'市場化'を中心に」『韓日民族問
題研究』第39号, 2020年。

●沖縄と日本軍「慰安婦」問題
アクティブ・ミュージアム「女たちの戦争と平和資料館」編『軍隊は女性を守らない──沖縄の日本軍慰安所
と米軍の性暴力』2012年。
川田文子『新版　赤瓦の家──朝鮮から来た従軍慰安婦』高文研, 2020年。
古賀徳子「沖縄戦における日本軍『慰安婦』制度の展開(1)～(4)」『戦争責任研究』第60～63号,
2008～2009年。
洪玧伸『新装改訂版　沖縄戦場の記憶と「慰安所」』インパクト出版会, 2022年。
「インタビュー・金賢玉さんに聞く　日本軍『慰安婦』問題解決と統一への思いを胸に──裵奉奇ハルモニと
過ごした17年間を振り返る」『人権と生活』第35号, 2012年11月。
「ハルモニの遺言　元『従軍慰安婦』ペ・ポンギさんの戦後」『琉球新報』1998年6月18日-23日付。
「[ルポ]韓国社会が忘れた最初の慰安婦証言者…その名はペ・ポンギ」『ハンギョレ』2015年8月9日付
(https://japan.hani.co.kr/arti/politics/21570.html 2023年6月28日取得)。

●社会運動に関わるということ
仁藤夢乃編著『当たり前の日常を手に入れるために──性搾取社会を生きる私たちの闘い』影書房, 2022
年。

234

解　説

··········

　本書は，一橋大学社会学部加藤圭木ゼミナール編『「日韓」のモヤモ
ヤと大学生のわたし』(大月書店，2021年，以下モヤモヤ本Ⅰ)の続編で
す。学部時代にモヤモヤ本Ⅰを執筆し現在は大学院生と会社員になっ
た5名が，今回は編者となって本書は編まれました。(編者のうち4名
は総勢20名ほどが在籍するわたしの大学院ゼミナールの一員ですが，本書
は大学院ゼミナールとしての企画ではありません)。

　モヤモヤ本Ⅰは，予想を超えるたくさんの方々が手にとってくださ
った結果，刊行から8か月で累計1万部を達成しました。特に，読者
のみなさんがSNSなどで次々に感想を発信してくださったことや，
刊行記念シンポジウムなどのイベントにのべ1000名以上の方が参加し
てくださったことは，これまでにはなかった画期的な現象でした。こ
うしたひろがりに，著者の5名もわたしも大変励まされました。読者
のみなさんの応援がなければ，続編である本書が実現することはなか
ったのではないかと思います。

　歴史否定論が拡大する状況下で，朝鮮近現代史研究者として無力感
に苛まれたことがなかったわけではありません。そうしたなかで読者
のみなさんの力でモヤモヤ本Ⅰをひろげてもらった経験から，諦めな
いことの大切さや歴史学が社会的に果たすべき役割をあらためて学ぶ
ことができました(モヤモヤ本Ⅰを監修者の立場から振り返った論考とし
て加藤圭木「『日韓歴史問題』と大学生──モヤモヤは進化する」『世界』第
961号，2022年)。

　続編を出すことは想像以上に大変なことでした。会社で働きながら
こうした活動に時間を捻出することは決して簡単なことではありませ
んでしたし，大学院生もまた専門的な論文の執筆や学会活動に加え，

社会的実践への参加などによって多忙を極めています。それでも自分たちのやれることをやっていきたい，という編者たちの明確な意志を感じました。

　2023年4月末，ソウルに編者5名が集まり踏査・編集会議・座談会を実施しました。COVID-19の感染拡大にともなう規制やそれぞれの留学によって，全員が対面で揃ったのはモヤモヤ本Iの刊行以来約2年ぶりでした。大きく成長した5名からたくさんの刺激を受けるとともに，問題意識を共有できる関係性の大切さをあらためて感じさせられました。

236

　また，モヤモヤ本Iをきっかけとして新たな学生がゼミナールに加わり，学びの輪をひろげてくれたことにとても勇気づけられました。その様子は座談会などの形で本書に反映されています。

　日本社会には依然として深刻な朝鮮差別と歴史否定が蔓延しており，被害者たちの尊厳は回復されていません。過去を忘却しようという立場から，大手新聞社によりモヤモヤ本Iに対して不当な攻撃がなされたことは，日本の現状を象徴する出来事でした（詳しくは，本書118〜119頁ならびに加藤圭木「現代日本における朝鮮人への差別・暴力と歴史認識」須田努編『社会変容と民衆暴力』大月書店，2023年）。このような状況下で，本書を通して日本と朝鮮の歴史について考える輪がますますひろがっていくことを願っています。

＊本書は科学研究費助成事業21KK0212・21K00848の成果の一部です。

加藤　圭木

あとがき
・・・・・・・・・・・

　モヤモヤ本Ⅰが刊行されてから約2年が経ちました。この2年間、「日韓」をめぐってどのようなことが起こり、変化したでしょうか。2023年3月には、2018年の韓国の大法院判決において勝訴が確定した強制動員被害者に対し、日本の企業にかわって韓国政府傘下の財団が賠償金を支払うことを発表しました。この韓国政府の発表は、被害者の意思を無視し、置き去りにする決定だったと言えます。また、2023年5月には岸田首相が韓国を訪問しましたが、その際には「未来に向けて韓国と協力していくことが責務だ」と述べました。強制動員や日本軍「慰安婦」問題をはじめとする被害者たちに謝罪するわけでも、歴史的な事実を明確に認めるわけでもなく、「未来」が重要だと述べたことは被害者を無視する行為であり、そこに真摯に歴史に向き合う姿勢はありませんでした。

　時間が過ぎるにつれ、生存している被害者は少なくなってきています。たとえば、2023年6月現在、韓国では5月2日にまた1人の日本軍「慰安婦」制度被害者が亡くなり、政府が認定した韓国人被害者のうちご存命の方は9名しかいません。また、台湾最後の日本軍「慰安婦」制度被害者が5月10日に亡くなったと現地の支援団体が発表しました。

　このようななか、上述した状況などをもって「日韓関係は改善した」という社会的な風潮が形成されつつあります。しかし、被害者が求めていることは歴史的な事実を認めて謝罪・賠償することなどです。わたしたちは、こうした社会的な情勢に流されず、被害者の思いに向き合うためにはどうしたらいいのかを考え、モヤモヤ本Ⅱをつくりました。わたしたちは、どのような社会的な状況であっても、被害者の

237

意思が実現され，名誉が回復されることを求め続けます。

　本書の制作にあたっては多くの方にお世話になりました。平井美津子さんは2度にわたりイベントにご登壇くださったうえに，ご発言を収録することを快諾してくださいました。一橋大学加藤圭木ゼミナールの若林智香さん，滝波明日香さん，根岸花子さん，藤田千咲子さん，小島辰仁さんは，本書の原稿を読みアドバイスをくださいました（若林さん，滝波さん，根岸さん，藤田さんは本書内にも登場してくださいました）。モヤモヤ本Ⅰで似顔絵を描いてくださったゼミの卒業生の羽場育歩さんは，ご多忙のなかで本書のために10枚の似顔絵を描き下ろしてくださいました。2022年7月の沖縄調査では古賀徳子さん，大田光さんに沖縄戦や「慰安所」跡などについて案内をしていただきました。また，同じく沖縄では金賢玉さん，白充さんから貴重なお話をうかがいました。hikoさんはツイートの引用を快く承諾してくれただけではなく，モヤモヤ本Ⅰの意義に関してお話をお聞かせくださいました。ソウル市立大学国史学科の先生方と学生のみなさんは，学科踏査への参加を受け入れてくださいました。本書のイラストはカトウミナエさんが，装幀は宮川和夫さんがご担当くださり，素敵な本にしてくださいました。大月書店の角田三佳さんはモヤモヤ本Ⅰに続き本書の編集をご担当くださり，本書について何度も丁寧なアドバイスをくださいました。そして，モヤモヤ本Ⅰの刊行以来，わたしたちを応援してくださった読者のみなさんに，心よりお礼を申し上げます。

2023年6月

編者を代表して　朝倉希実加

監修者

加藤圭木（かとう　けいき）

1983年生まれ。一橋大学准教授（朝鮮近現代史・日朝関係史）。
主な著作に『紙に描いた「日の丸」──足下から見る朝鮮支配』
（岩波書店，2021年），『植民地期朝鮮の地域変容──日本の大陸
進出と咸鏡北道』（吉川弘文館，2017年），『だれが日韓「対立」
をつくったのか──徴用工，「慰安婦」，そしてメディア』（共編，
大月書店，2019年）がある。

編　者

朝倉希実加（あさくら　きみか）

李相眞（イ　サンジン）

牛木未来（うしき　みく）

沖田まい（おきた　まい）

熊野功英（くまの　こうえい）

装幀・本文デザイン　宮川和夫事務所
イラスト　カトウミナエ

ひろがる「日韓」のモヤモヤとわたしたち

2023年11月15日　第1刷発行　　　　　定価はカバーに
　　　　　　　　　　　　　　　　　　表示してあります

　　　　　　　監修者　　加　藤　圭　木
　　　　　　　編　者　　朝倉希実加・李相眞
　　　　　　　　　　　　牛木未来・沖田まい
　　　　　　　　　　　　熊野功英
　　　　　　　発行者　　中　川　　進

〒113-0033　東京都文京区本郷 2-27-16

発行所　株式会社　大月書店　　印刷　太平印刷社
　　　　　　　　　　　　　　　　製本　中永製本

電話（代表）03-3813-4651　FAX 03-3813-4656　振替00130-7-16387
http://www.otsukishoten.co.jp/

ISBN978-4-272-21130-2　C0031　Printed in Japan

「日韓」のモヤモヤと大学生のわたし

加藤圭木 監修

Ａ５判 一八四頁
本体一六〇〇円

だれが日韓「対立」をつくったのか
徴用工、「慰安婦」、そしてメディア

岡本有佳 編

四六判 一六八頁
本体一四〇〇円

加藤圭木 編

四六判 一六八頁
本体一四〇〇円

「慰安婦」問題と未来への責任
日韓「合意」に抗して

中野敏男・板垣竜太・
金昌禄・岡本有佳・金富子 編

四六判 三一二頁
本体二四〇〇円

歴史否定とポスト真実の時代
日韓「合作」の反日種族主義」現象

康誠賢 著
鄭栄桓監修・古橋綾訳

四六判 二四八頁
本体二四〇〇円

━━━━ 大月書店刊 ━━━━
価格税別